UPCYCLING

Step by Step

EMF

EIN BUCH DER
EDITION MICHAEL FISCHER

WIDMUNG

Dieses Buch möchte ich meinen
Großvätern widmen. Danke für
Hammer, Säge, Werkbank und
all die kreativen Ideen, die mich
schon als Kind zum Upcycling
inspiriert haben, obwohl es das
Wort damals noch gar nicht gab.

INHALT

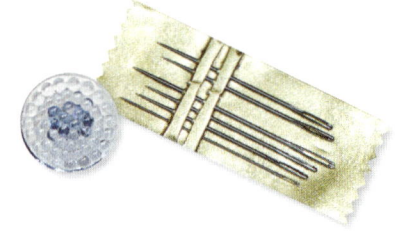

★ VORWORT ★

Hallo! Maria ist mein Name, ich lebe im schönen Rostock am Meer und habe ein großes Herz für alte Dinge. Solange ich denken kann fertige ich gern Sachen mit meinen zwei Händen. „Nähmarie" ist nicht nur der Name meines Labels, der Name steht für mein Hobby, mein Herzblut, meine Motivation. In einem kleinen Studio stelle ich in Handarbeit fröhliche, ausgefallene und nachhaltige Produkte her, die die Welt ein bisschen bunter machen sollen. Dabei spielt das Upcycling eine große Rolle – ich verwende am liebsten Stoffe und Materialien, die schon ein Vorleben hatten, und führe sie in neuer Form in unseren Alltag zurück. Egal, ob in Workshops, meinem Blog oder in diesem Buch: Wenn ich andere inspirieren und die Freude am Selbermachen vermitteln kann, bin ich glücklich.

Hand aufs Herz: Euch fällt es bestimmt auch oft schwer, Euch von der Lieblingsjeans mit dem großen Loch unterm Knie zu trennen oder einzusehen, dass die kaputte Luftmatratze mit dem schönen Blumenmuster nicht mehr zu retten ist. Vermutlich haltet Ihr deshalb dieses Buch in den Händen. Vielleicht seid Ihr aber auch nur neugierig, was sich hinter dem Begriff „Upcycling" verbirgt?

RECYCLING UND UPCYCLING – DAS GLEICHE?

Wir alle kennen Recycling und nutzen es jeden Tag, indem wir unseren Müll trennen und Altglas für den Container sammeln. Recycling ist eine gute Sache, keine Frage, aber Upcycling ist aus verschiedenen Gründen noch toller! Beim Upcycling werden aus vermeintlichen Abfallprodukten neuwertige Objekte geschaffen. Im Gegensatz zum Recycling ist dabei ein geringerer Energieaufwand nötig. Außerdem wird die Qualität des „Abfalls" nicht gemindert, sondern gesteigert.

Ein einfaches Beispiel: Aussortierte T-Shirts werden gesammelt, geschreddert und maschinell zu Dämmmatten oder Putzlappen gepresst – das ist Recycling. Die andere Möglichkeit: Aussortierte T-Shirts werden gesammelt, in Streifen geschnitten und zu einem Badvorleger geflochten – das ist Upcycling. Im ersten Fall wird das Ausgangsmaterial unter hohem Energieaufwand abgewertet, im zweiten Fall mit wenig Energie, aber umso mehr Spaß, aufgewertet.

Beim Upcycling geht es also nicht nur um die unmittelbare Weiterverwendung von Abfallprodukten, es geht auch um Ressourcenschonung, Energieeinsparung und Abfallvermeidung. Die Beschäftigung mit diesem Thema ist auch eine Auseinandersetzung mit unserer Zeit. Produkte sind in unserer Gesellschaft im Überfluss vorhanden und jederzeit verfügbar. Der schnelle Weg zur Mülltonne liegt deshalb oft nahe, und potenziell nützliche und wertvolle Materialien werden verschwendet. Allein in Deutschland werden pro Kopf jährlich 15 bis 30 Kilo Textilien weggeworfen. Dabei handelt es sich um einen kostbaren Rohstoff, aus dem sich mit wenigen Handgriffen noch vieles machen lässt: Aus einer ausgedienten Tischdecke wird ein Rock, aus einem hübschen, alten Ledergürtel ein Kameraband und aus Eurem Lieblingskopfkissen ein kuscheliger Wärmflaschenbezug.

Individuelle Produkte mit grünem Gewissen gegen Massenware aus Billiglohnländern. Wir Verbraucher haben es in der Hand: Mit Upcycling können wir die Welt vielleicht nicht retten, aber sie ein kleines bisschen besser machen. Und uns selbst sogar ein wenig glücklicher.

Nicht umsonst ist in den letzten Jahren „Do it yourself" zu einem Trend und „Handmade" zu einer breiten Bewegung geworden. Was wir mit unseren Händen schaffen, wächst uns zweifelsohne stärker ans Herz als ein gekauftes Produkt. Wer die handbestickte Tischdecke von Oma in einen Rock verwandelt hat, trägt ihn mit Stolz und empfindet Glücksgefühle, wenn jemand nach der Herkunft fragt. Der selbst gemachte Rock hat eine Geschichte, die es zu erzählen gilt. Es ist außerdem der kreative Schaffensprozess, die Versunkenheit in ein Projekt, die sehr entspannend auf uns wirkt. Beim Weben und Flechten eines Teppichs können die Gedanken ins Leere schweifen oder Ideen für neue Projekte entstehen. Beim Selbermachen werden darüber hinaus motorische Fähigkeiten abgerufen, die in modernen Berufen oft zu kurz kommen. Wer etwas selber macht, ist Teil einer großen Community und kann seine Erfahrungen mit Gleichgesinnten austauschen. Ein selbst genähtes Geschenk übergeben wir mit größerer Freude als einen Gutschein aus dem Kaufhaus. Ihr seht, es gibt 1000 Gründe, warum Upcycling glücklich macht. Probiert es einfach aus!

Ich hoffe außerdem, dass Euch dieses Buch den Impuls gibt, vermeintliche Abfallprodukte in Zukunft stets mit Neugier und einem kreativen Auge zu betrachten, sodass sie Euren Alltag zurückerobern können.

Eure Nähmarie

★ MATERIAL UND HILFSMITTEL ★

Um mit dem Upcycling zu beginnen, müsst Ihr Euch keine teure Ausrüstung besorgen. Ganz sicher habt Ihr sogar auch schon das ein oder andere Mal etwas „geupcycelt", ohne es zu wissen.

Bei allen Projekten in diesem Buch steht im Vordergrund, etwas Altes zu nutzen, um etwas Neues zu schaffen. Wenn es sich vermeiden lässt, sollen die Ausgangsmaterialien deshalb nicht neu gekauft werden. Eine gern gesehene Ausnahme bilden Flohmärkte, Trödelläden und Secondhandgeschäfte. Alles, was es dort gibt, wurde bereits benutzt und kann guten Gewissens in den Konsumkreislauf zurückgeführt werden. Damit Ihr bei den Materialien etwas flexibler seid, schlage ich zu jedem Projekt Alternativen vor. Schaut Euch einfach mal im Keller, auf dem Dachboden oder bei Freunden und Familie um. Ihr werdet bestimmt fündig.

Denkt beispielsweise an Leder als hochwertiges Naturmaterial. Ein neu gekauftes Stück Leder zum Basteln von Schmuck, wäre nicht nur relativ teuer in der Anschaffung, sondern es besitzt leider auch häufig ein großes ökologisches Sündenregister. Neben vielen Schadstoffen, die bei der Lederproduktion zum Einsatz kommen, ist natürlich auch die Tierhaltung ein enormes Problem. Besser als neues Leder zu kaufen, ist also immer, auf bereits vorhandenes zurückzugreifen: Ausrangierte Jacken und Mäntel, kaputte Hosen, aber auch alte Gürtel, Stiefel und Taschen bieten meist noch verwendbares Ausgangsmaterial. Da Leder sehr robust und pflegeleicht ist, wird der Unterschied beim Endprodukt später kaum erkennbar sein. Andersherum kann es aber auch besonders charmant sein, ein Leder zu benutzen, auf dem die Spuren der Zeit deutlich sichtbar sind. Seit einigen Jahren werden beispielsweise alte Turnmatten oder Sportgeräte mit deutlichen Abnutzungserscheinungen zu Luxustaschen umfunktioniert und erfolgreich verkauft.

Je nachdem, welchem Projekt Ihr Euch zuwendet, benötigt Ihr unterschiedliche Hilfsmittel. Bei einigen Anleitungen ist eine Nähmaschine erforderlich, bei anderen reichen Nadel und Faden. Zunächst braucht Ihr nur grundlegendes Handarbeitszubehör wie Steck-, Näh- und Sticknadeln, Maßband und Schere, eventuell noch Schneiderkreide zum Markieren und eine Lochzange für Lederarbeiten. Von Vorteil ist auch eine kleine Werkzeug-Grundausstattung, wie sie in den meisten Haushalten zu finden ist: Schraubendreher in verschiedenen Größen, Säge, Hammer und Nägel, Zollstock oder Maßband, Kombizange, Cuttermesser, Basteldraht, Holzleim und Heißklebepistole. Was Ihr nicht selbst besitzt, könnt Ihr Euch bestimmt bei Nachbarn, Familie oder Freunden ausleihen.

Und schon kann's losgehen!

★ ANGABEN ZUR TECHNIK ★

Die Projekte in diesem Buch beschäftigen sich mit dem Nähen, Weben, Sticken, Flechten, Knoten, Kleben, Drucken, Stempeln und Färben. Für eine schnelle Orientierung findet Ihr am Anfang jedes Projekts Symbole zu den darin verwendeten Techniken. Etwas Erfahrung in diesen Bereichen und handwerkliches Geschick sind von Vorteil, bei vielen Projekten aber kein Muss. Beim Upcycling ist das Ziel nicht, ein perfektes Endprodukt herzustellen – das macht schon das Ausgangsmaterial oft unmöglich. Viel wichtiger ist die Freude daran, etwas Individuelles und Nachhaltiges zu schaffen, die Geldbörse zu schonen und die eigene Kreativität auszuleben.

Es gibt zwei Wege, auf eigene Upcycling-Ideen zu kommen: Ihr möchtet ein bestimmtes Produkt haben, z. B. einen Kerzenständer. In diesem Fall schaut Euch einfach mal um und überlegt, welches Objekt sich umfunktionieren lassen könnte. Wie wäre es beispielsweise mit einem hübsch gedrechselten Stuhlbein oder einer schönen Glasflasche? Der andere Weg: Ihr habt einen Gegenstand, den Ihr gerne umgestalten möchtet, z. B. ein zu klein gewordenes Lieblingsshirt, das Ihr in ein Sofakissen oder einen Vorleger verwandeln könnt. Wenn Ihr Eure Umgebung ab und an bewusst aus diesem Blickwinkel betrachtet, werdet Ihr schnell ein Gespür für die wertvollen Dinge des „Abfall-Alltags" entwickeln!

KLEIDUNG & ACCESSOIRES

★ SOMMERLICHER TELLERROCK AUS RUNDER TISCHDECKE

Für diesen weitschwingenden Tellerrock benötigt Ihr nichts weiter als eine kreisrunde Tischdecke und ein bisschen Mathematik! Der große Vorteil liegt darin, dass die Tischdecke bereits gesäumt ist und dieser arbeitsintensive Schritt beim Nähen entfällt. Manche Tischdecken haben auch einen schönen Spitzenrand oder sind aufwendig von Hand bestickt. Auf dem Flohmarkt werdet Ihr sicher fündig!

Tipp

Kleinere Flecken oder Löcher lassen sich gut mit Bügelbildern oder Stickblumen kaschieren – schwups, ist alles (fast) wie neu!

MATERIAL

SCHERE

STECKNADELN

TASCHENRECHNER

TISCHDECKE (GROSS UND RUND)

SCHNEIDERKREIDE

MASSBAND

NÄHMASCHINE

JERSEYBÜNDCHEN (50CM BREIT)

LINEAL

ALTERNATIVE MATERIALIEN:
Statt eines Jerseybündchens funktioniert auch ein Gummizug: Einfach einen Tunnel an der oberen Rockkante nähen und ein breites Stück Hutgummi einfädeln.

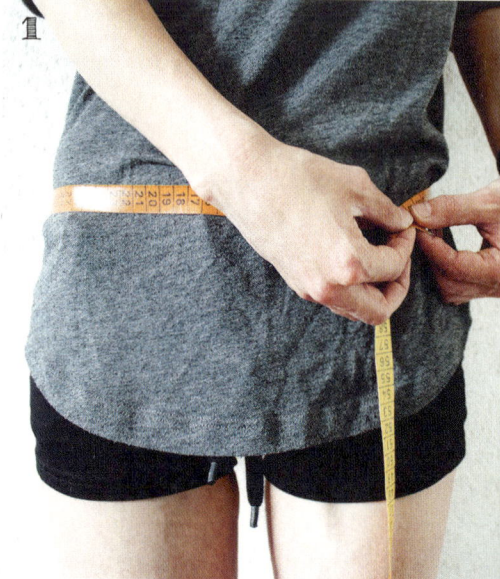

1 Mit einem Maßband den eigenen Hüftumfang bestimmen. Das ist die breiteste Stelle der Hüfte, über die der Rock später passen muss. Jetzt folgt eine kleine Matheübung: Teilt Eure Hüftweite durch 3,14 und Ihr erhaltet den Durchmesser. Teilt diese Zahl anschließend durch 2, um den Radius zu erhalten. Merkt Euch die letzte Zahl.

2 Legt nun die Tischdecke flach auf den Boden, faltet sie zur Hälfte und dann noch einmal zur Hälfte. Es liegen jetzt vier Stoffschichten aufeinander. Ihr messt die errechnete Zahl von der Spitze in Richtung Saum ab, markiert mit der Schneiderkreide ein paar Punkte auf dem Stoff und verbindet diese zu einer Kurve.

3 An der Kurve entlangschneiden und den Stoff wieder auffalten.

4 Das Jerseybündchen an die eigene Größe anpassen. Dazu am besten den Jerseyschlauch überziehen und dort platzieren, wo er später sitzen soll (auf der Taille oder Hüfte). Eine Seite dehnen, bis der Bund gut sitzt. Den überschüssigen Stoff markieren und abschneiden.

5 Die jetzt offene, kurze Seite näht Ihr wieder zusammen. Das funktioniert am besten mit einer Overlock-Nähmaschine, ein schmaler Zickzackstich erfüllt den Zweck aber auch, die Naht bleibt damit etwas dehnbar.

6 Das Bündchen faltet Ihr so, dass die Nahtzugabe innen liegt und sich ein Schlauch bildet, der unten offen ist.

7 Den Schlauch in vier gleich große Abschnitte teilen und mit Stecknadeln markieren.

8 Bei der oberen Rockkante verfahrt Ihr genauso wie in Schritt 7.

9 Nun wird das Bündchen an der Rockoberkante festgesteckt. Dazu den Rock auf links drehen, das Bündchen hineinlegen und dort, wo die Stecknadeln aufeinandertreffen, zusammenstecken.

10 Zwischen zwei Stecknadeln erneut die Mitte bestimmen und mit einer weiteren Nadel beide Stoffe zusammenstecken. Am einfachsten gelingt dies, indem Ihr das Bündchen mit beiden Händen auf die Weite des Rockteils dehnt.

11 Beide Teile zusammennähen, dabei stets das Bündchen dehnen und an die Rockweite anpassen. Mit einer Overlock-Nähmaschine oder einem schmalen Zickzackstich arbeiten.

12 Die Nahtzugabe mit einem breiten Zickzackstich versäubern. Solltet Ihr mit einer Overlock-Nähmaschine arbeiten, entfällt dieser Schritt, da die Kante bereits versäubert ist.

★ FRANSENTASCHE AUS LEDERJACKE ★

Ihr Vorleben als ausgemusterte Herrenjacke sieht man dieser flippigen Fransentasche bei weitem nicht mehr an! Das weiche Wildleder passt perfekt zum Bohemian- und Ethno-Look, eine breite Baumwollkordel dient als Tragegurt und kann beliebig verstellt werden. Die Tasche wird in wenigen Schritten genäht, schont den Geldbeutel und ist genau das Richtige für umweltbewusste Großstadt-Squaws.

Tipp

Statt einer Baumwollkordel könnt Ihr auch ein farblich passendes Lederband verwenden, z. B. einen schmalen Gürtel.

MATERIALANGABEN FÜR EINE TASCHENGRÖSSE VON 25 X 40 CM

1 MAGNET-VERSCHLUSS/ DRUCKKNOPF ZUM ANNÄHEN

NÄHMASCHINE MIT LEDERNADEL

SCHERE

MASSBAND

SCHNEIDERKREIDE

BAUMWOLLKORDEL (120 CM LANG, Ø CA. 1,5 CM)

GROSSE WILDLEDERJACKE

ALTERNATIVE MATERIALIEN:
Ebenso geeignet sind alte Lederröcke, -hosen oder -mäntel. Natürlich kann man auch verschiedene Lederarten und -farben miteinander kombinieren, um interessante Kontraste zu erzielen.

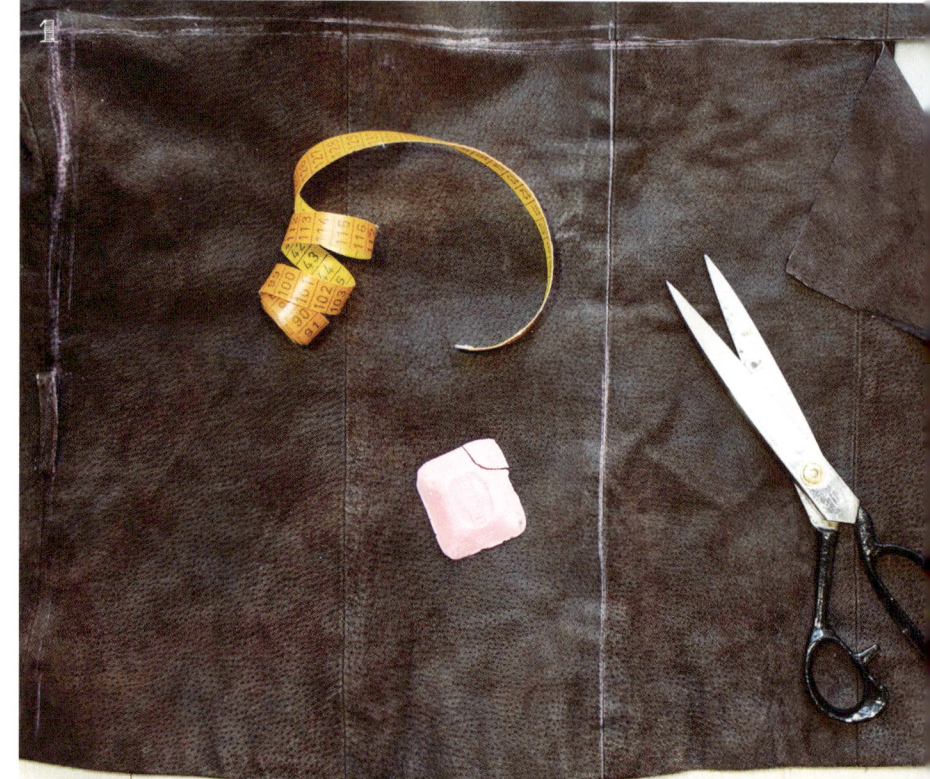

1   Aus dem Rückenteil der Lederjacke zwei 30 x 45 cm große Rechtecke ausschneiden und das Innenfutter entfernen.

2   Bei beiden Rechtecken die obere Kante jeweils 5 cm nach innen umschlagen, dort in der Mitte den Magnetverschluss (oder Druckknopf) anbringen. Den Umschlag steppt Ihr unterhalb des Verschlusses mit der Nähmaschine ab.

3   Aus den Resten der Lederjacke drei weitere Rechtecke in einer Größe von 30 x 15 cm für die Fransen der Vorderseite zuschneiden. Die unteren Kanten jeweils zu einer Spitze schneiden.

4   Alle drei Teile überlappend auf die Taschenvorderseite legen, die Spitzen zeigen zum Taschenboden. Mit der Nähmaschine entlang der oberen, geraden Kante auf dem Vorderteil festnähen.

5   Zwei kleine Rechtecke mit 6 x 3 cm zuschneiden, zu einer Lasche falten und an beiden Seiten des rückwärtigen Taschenteils aufnähen. Dazu jede Lasche unterhalb der Umschläge anlegen, die offene Seite zeigt nach außen. Lasche knapp an der Kante festnähen.

6   Vorder- und Rückteil rechts auf rechts aufeinanderlegen, Fransen und Laschen sind dabei innen. Die beiden langen Seiten näht Ihr zusammen.

7   Den Schlauch wenden und das untere Fransenteil seitlich bis 1 cm unter der Nahtlinie aufschneiden. Das Teil nach oben klappen, den Schlauch wieder wenden und den Boden der Tasche zunähen.

8   Die Tasche wenden und ca. 5 mm breite Fransen schneiden, dabei immer 1 cm vor der Nahtlinie aufhören.

9   Die Baumwollkordel zieht Ihr durch die Laschen, dann verknotet Ihr die Enden.

★ MODISCHE ACCESSOIRES ★ AUS LEDERRESTEN

Eine aussortierte Tasche, eine alte Jacke oder ein Stiefel-schaft – es ist doch schade, so ein hochwertiges Natur-produkt wie Leder einfach wegzuwerfen. Zumal sich auch noch viele Accessoires daraus machen lassen. Im Folgen-den findet Ihr ein paar Ideen, die sich beliebig abändern lassen. Auch Kunstleder ist hervorragend geeignet, um daraus kleine Schmuckstücke herzustellen.

Tipp

Zu weiches Leder lässt sich mit einem einfachen Trick steifen: Dazu die gewünschte Form aus dem Leder ausschneiden, 2 TL Holzleim in 100 ml Wasser auflösen, das Lederstück hineinlegen und warten, bis es sich vollgesaugt hat. Zum Trocknen auf Küchenkrepp legen und eventuell zwischen zwei Büchern glatt pressen. Die Wasser-Leim-Mischung härtet das Leder und lässt es lange in Form bleiben.

★ SCHLEIFEN-ARMBAND ★

SO GEHTS

1 Das Maßband um das eigene Handgelenk legen, den Umfang ausmessen und 5 cm dazurechnen. Die Länge der Vorlage auf Seite 120 passt Ihr an diese Zahl durch Vergrößern an (mit dem Kopierer oder per Hand). Zur Kontrolle: Die ausgeschnittene Vorlage sollte am Handgelenk etwa 4 cm überlappen. Zusätzlich noch einen 6 cm langen und 2 cm breiten Streifen ausschneiden.

2 Mit Daumen und Zeigefinger legt Ihr, wie abgebildet, die Mitte der Schleife in Falten und fixiert diese Form mit einer Wäscheklammer.

3 Nun den schmalen Streifen mit Kleber einstreichen, straff um die Mitte der Schleife legen und das überstehende Ende abschneiden. Zum Trocknen ca. 10 Minuten mit der Wäscheklammer fixieren.

4 Zum Schluss den Druckknopf mit Nadel und Garn auf der Rückseite des Armbands anbringen.

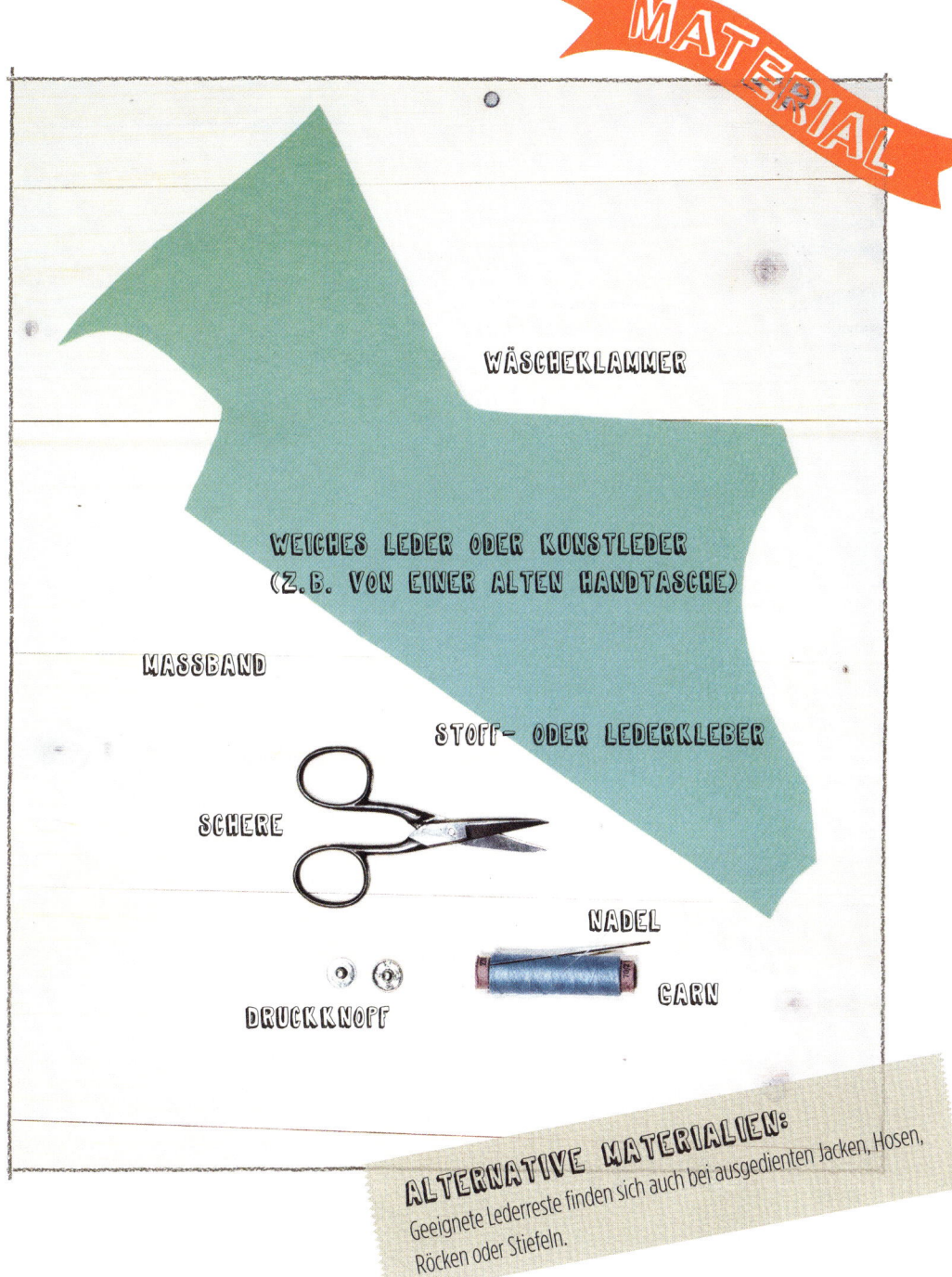

WÄSCHEKLAMMER

WEICHES LEDER ODER KUNSTLEDER
(Z.B. VON EINER ALTEN HANDTASCHE)

MASSBAND

STOFF- ODER LEDERKLEBER

SCHERE

NADEL

GARN

DRUCKKNOPF

ALTERNATIVE MATERIALIEN:
Geeignete Lederreste finden sich auch bei ausgedienten Jacken, Hosen, Röcken oder Stiefeln.

★ QUASTEN-SCHLÜSSELANHÄNGER ★

SO GEHTS

1 Mit einem Kugelschreiber ein 20 x 10 cm großes Rechteck auf das Leder übertragen und ausschneiden, ebenso einen schmalen Streifen mit 5 cm Länge.

2 Das Rechteck an einer der Längsseiten von unten in kleinen Abständen einschneiden, etwa 2 cm vor der oberen Kante enden.

3 Die obere Kante streicht Ihr mit Kleber ein.

4 Den Streifen mit beiden Händen eng zusammenrollen.

5 Etwa 5 cm vor der Endkante fasst Ihr den schmalen Streifen mit ein und gebt etwas Kleber dazu.

6 Eine Runde weiterrollen, dann den Streifen zur Schlaufe legen und das andere Ende mit festkleben.

7 Zum Trocknen mit einer Wäscheklammer fixieren und 30 Minuten ruhen lassen. Anschließend den Schlüsselring anbringen.

WEICHES LEDER (Z. B. VON EINER ALTEN LEDERJACKE)

STOFF- ODER LEDERKLEBER

WÄSCHEKLAMMER

SCHLÜSSELRING

SCHERE

KUGELSCHREIBER

ALTERNATIVE MATERIALIEN:
Aus Seiden- oder Krepppapier gefertigt und auf ein Band gefädelt, ergeben solche Quasten eine tolle Partydeko. Auch bunte Stoffreste lassen sich so zu einer hübschen Girlande aneinanderreihen.

★ WIMPEL-HALSKETTE ★

SO GEHTS

1 Kopiert die Vorlage auf Seite 121, schneidet sie anschließend aus und übertragt sie mit Kugelschreiber auf die Rückseite des Leders. Mit einem Skalpell oder einem scharfen Cuttermesser sowie einem Lineal fünf saubere Dreiecke ausschneiden.

2 Mit einer dicken Nadel bohrt Ihr zwei Löcher in jedes Dreieck und verbindet diese mit den Biegeringen zu einer Wimpelreihe.

3 Die Kette mit der Kombizange in der Mitte teilen und beide Enden mit den äußeren Ringen der Wimpelreihe zu einer Kette verbinden.

4 Fertig ist die Wimpel-Halskette!

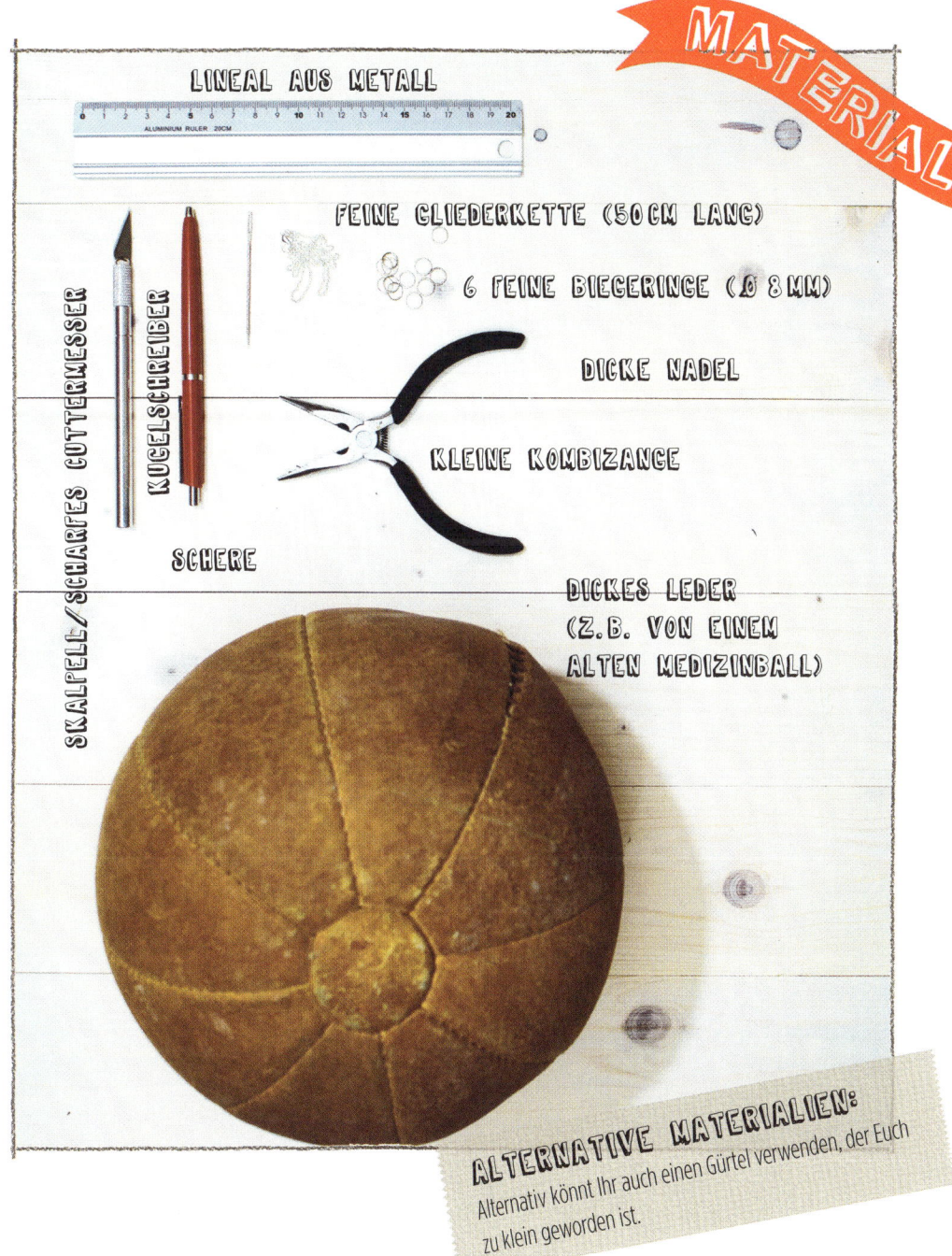

MATERIAL

LINEAL AUS METALL

FEINE GLIEDERKETTE (50 CM LANG)

6 FEINE BIEGERINGE (Ø 8 MM)

DICKE NADEL

KLEINE KOMBIZANGE

DICKES LEDER (Z.B. VON EINEM ALTEN MEDIZINBALL)

SKALPELL/SCHARFES CUTTERMESSER

KUGELSCHREIBER

SCHERE

ALTERNATIVE MATERIALIEN:
Alternativ könnt Ihr auch einen Gürtel verwenden, der Euch zu klein geworden ist.

★ TROPFEN-KETTE ★

1 Die beiden Vorlagen auf Seite 121 kopieren, ausschneiden, mit dem Bleistift auf die Rückseite der beiden Lederreste übertragen und die Formen ausschneiden. Wenn das Leder an den Rändern ausfranst, kurz mit einem Feuerzeug an den Kanten entlanggehen.

2 Die Tropfen legt Ihr aufeinander und richtet sie an der Spitze aus. Mit einer Nadel ein Loch durch beide Teile stechen.

3 Den Biegering aufbiegen, durch die zwei Tropfen schieben und schließen. Den Anhänger fädelt Ihr zum Schluss einfach auf die Kette auf.

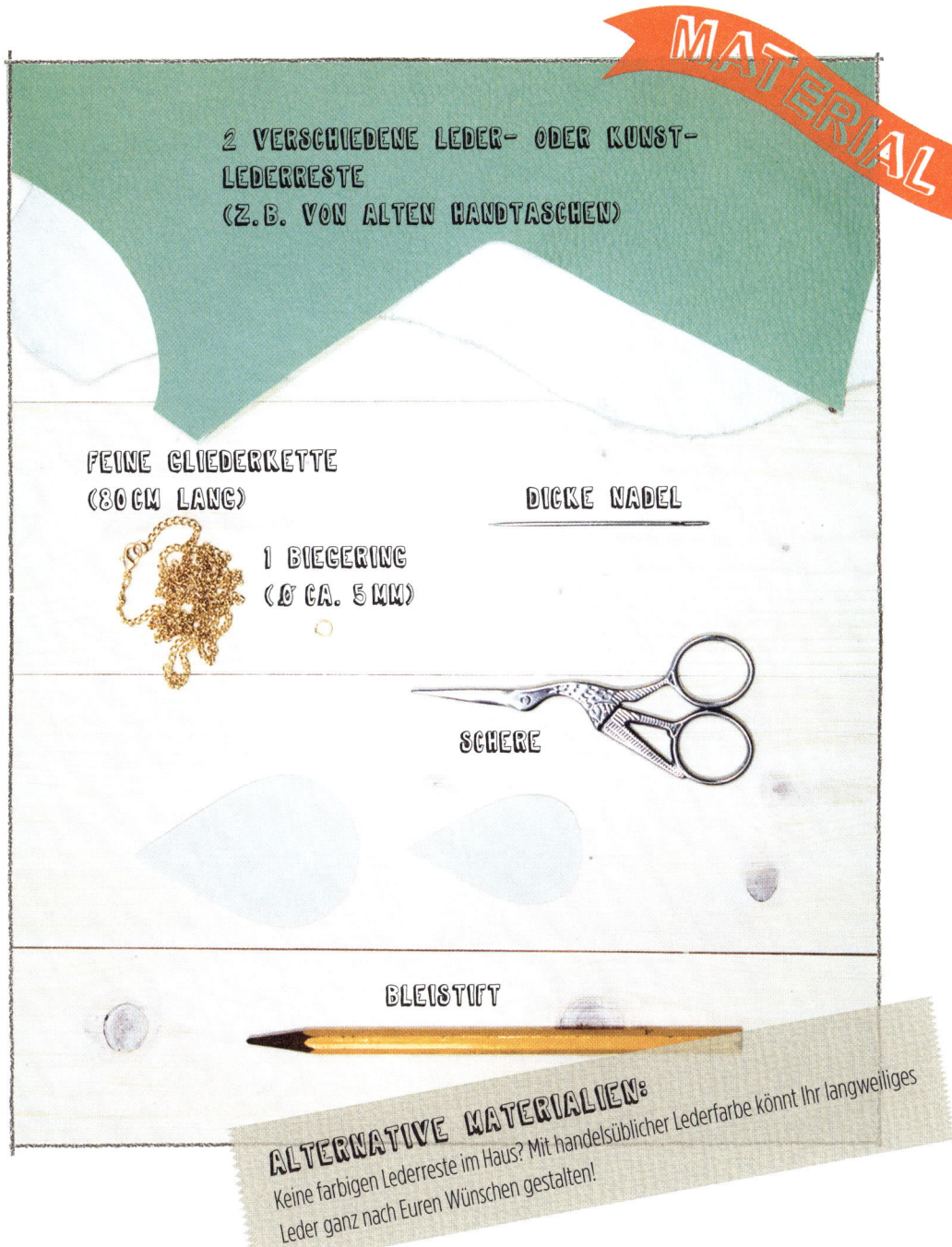

MATERIAL

2 VERSCHIEDENE LEDER- ODER KUNST-LEDERRESTE
(Z.B. VON ALTEN HANDTASCHEN)

FEINE GLIEDERKETTE
(80 CM LANG)

DICKE NADEL

1 BIEGERING
(Ø CA. 5 MM)

SCHERE

BLEISTIFT

ALTERNATIVE MATERIALIEN:
Keine farbigen Lederreste im Haus? Mit handelsüblicher Lederfarbe könnt Ihr langweiliges Leder ganz nach Euren Wünschen gestalten!

★ SCHLEIFCHEN-ANSTECKER ODER -KETTE ★

SO GEHTS

1 Die Vorlage auf Seite 123 kopieren, ausschneiden und mit dem Kugelschreiber auf die Rückseite des Leders übertragen. Anschließend die Form sowie einen zusätzlichen schmalen Streifen ausschneiden.

2 Mit der Lochzange stanzt Ihr nun ein Muster ins Leder. Falls Ihr keine besitzt, könnt Ihr diesen Schritt auch überspringen.

3 Das Leder mit Zeigefinger und Daumen in der Mitte zu einer Schleife formen. Den kleinen Streifen streicht Ihr mit Kleber ein und wickelt ihn eng um die Mitte, dabei auf der Rückseite eine Sicherheitsnadel mit einfassen, wenn Ihr einen Anstecker anfertigen wollt. Gut trocknen lassen, dazu am besten mit einer Wäscheklammer fixieren.

4 Alternativ kann statt einer Sicherheitsnadel auch eine lange Gliederkette angebracht werden. Dazu einfach die Biegeringe durch zwei Löcher an der Außenkante der Schleife fädeln und die Kette anbringen.

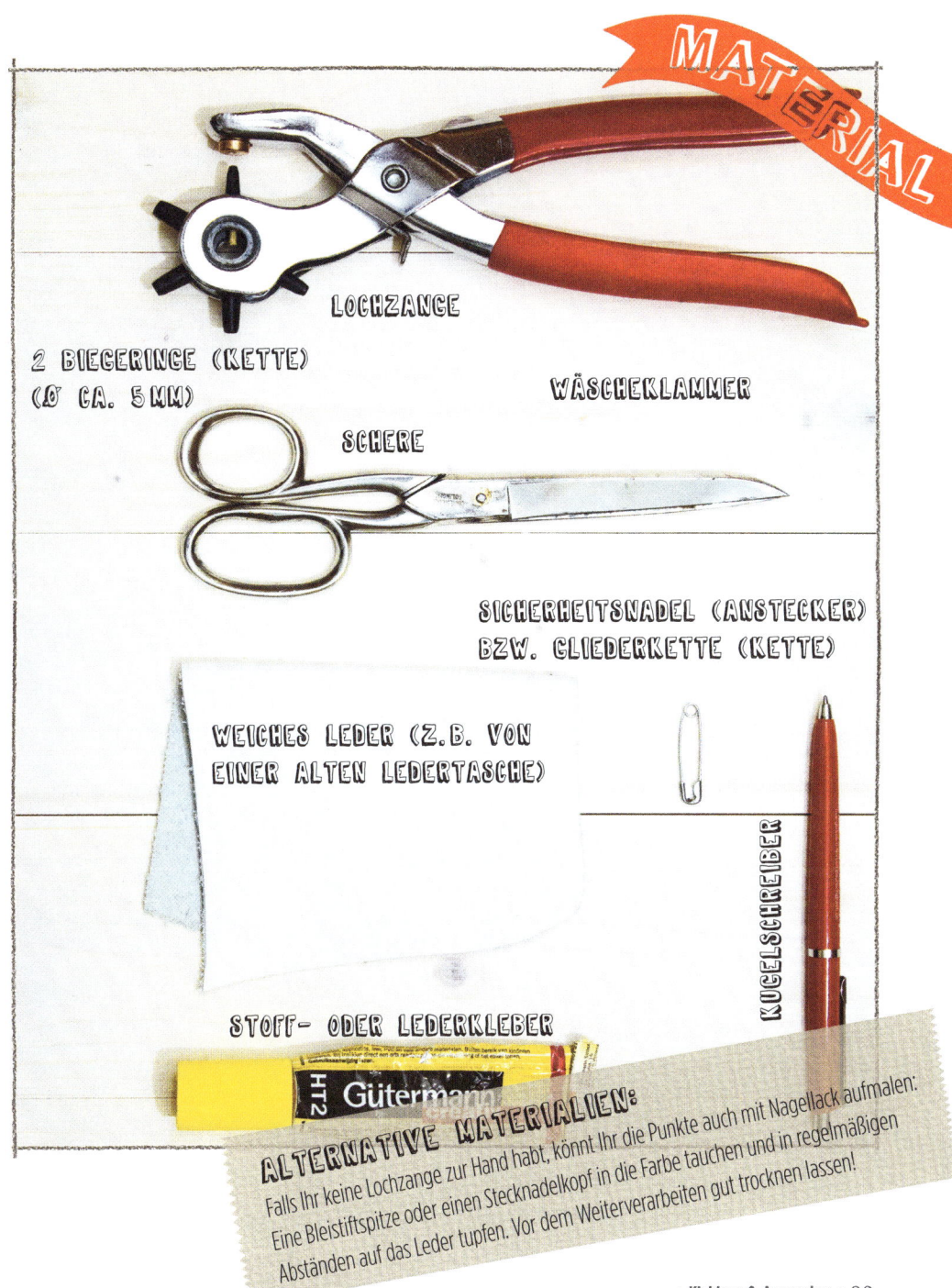

LOCHZANGE

2 BIEGERINGE (KETTE)
(Ø CA. 5 MM)

WÄSCHEKLAMMER

SCHERE

SICHERHEITSNADEL (ANSTECKER)
BZW. GLIEDERKETTE (KETTE)

WEICHES LEDER (Z.B. VON
EINER ALTEN LEDERTASCHE)

KUGELSCHREIBER

STOFF- ODER LEDERKLEBER

ALTERNATIVE MATERIALIEN:
Falls Ihr keine Lochzange zur Hand habt, könnt Ihr die Punkte auch mit Nagellack aufmalen:
Eine Bleistiftspitze oder einen Stecknadelkopf in die Farbe tauchen und in regelmäßigen
Abständen auf das Leder tupfen. Vor dem Weiterverarbeiten gut trocknen lassen!

Welcome
TO
SUN COUNTRY

Thank you
for being
our guest

EINRICHTUNG & DEKORATION

★ BUNTER OBSTKORB AUS WÄSCHELEINE ★

Traditionell werden Körbe und Schalen meist aus Naturmaterialien wie Weide oder Stroh geflochten. Genauso gut geht es aber auch mit einer ausrangierten Wäscheleine. Daraus entstehende Körbe sind sehr robust und pflegeleicht. Und durch die Kombination verschiedener Farben lassen sich interessante Akzente setzen.

Tipp

Wenn Ihr die Wäscheleine vor dem Flechten kurz in die Sonne oder auf die Heizung legt, lässt sie sich leichter verarbeiten. Prüft außerdem, ob sich die Wäscheleine grundsätzlich gut biegen lässt, starre oder sehr dicke Leine ist weniger geeignet.

MATERIAL

MATERIALANGABEN FÜR EINEN KORB MIT ETWA 20 CM DURCHMESSER

KOMBIZANGE

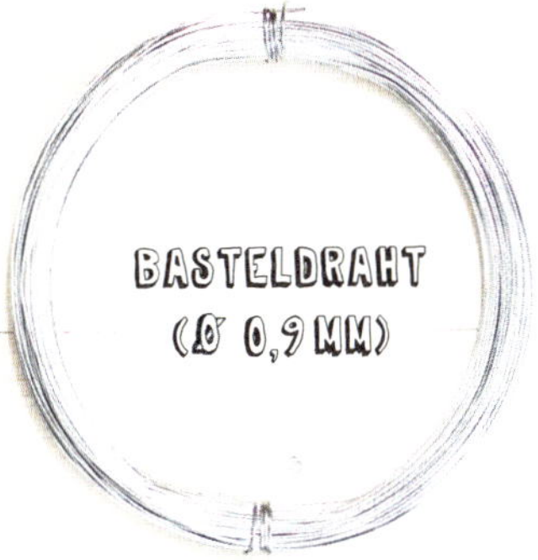

BASTELDRAHT (∅ 0,9 MM)

WÄSCHELEINE (40 M LANG) IN ZWEI ODER MEHR FARBEN

ALTERNATIVE MATERIALIEN:
Statt Plastikwäscheleinen eignen sich auch dünne Leinen aus Sisal oder Hanf. Farbiger Klingeldraht oder das Innenleben von Computerkabeln sind sicher auch einen Versuch wert.

SO GEHTS

1 Mit einer Kombizange acht Drahtstücke mit 50 cm Länge zuschneiden. Das werden die sogenannten Staken, also das Grundgerüst des Geflechts. Außerdem ein Drahtstück mit 30 cm Länge zuschneiden. Jeweils vier lange Drahtstücke werden zu einem Bündel gefasst und die beiden Bündel kreuzförmig übereinandergelegt. Das kürzere Drahtstück wird benutzt, um das Kreuz der beiden Bündel zu fixieren. Dazu das Ende des kurzen Stücks ein paar Mal um das Stakenkreuz wickeln. Den Rest des Drahts zu einem der beiden unteren Bündel biegen. Das Stakenkreuz besteht jetzt aus drei Strängen mit vier Staken und einem Strang mit fünf Staken.

2 Ein langes Stück Wäscheleine wird als Flechtfaden benutzt und um das Kreuz gewickelt: Zuerst über vier, unter vier, über fünf (mit dem zusätzlichen kurzem Drahtstück) und unter vier Staken durchführen. Nach diesem Prinzip eine weitere Runde flechten. Dann den Flechtfaden um einen Strang zurückführen und auf die gleiche Weise zwei Runden in die Gegenrichtung flechten.

3 Nun ist das Kreuz gesichert und die Stakenstränge können paarweise „aufgebrochen", also auseinandergebogen werden. Achtet darauf, dass die Abstände zwischen den Stakenpaaren in etwa gleich groß sind. Im Wechsel wird nun über bzw. unter zwei Staken weitergeflochten. Außerdem gibt es noch eine einzelne Stake. Diese ist wichtig, damit der Flechtfaden von Runde zu Runde versetzt verläuft und ein Geflecht entstehen kann.

4 Einige Runden flach weiterflechten, bis der Boden des Körbchens groß genug ist. Dann die Staken während des Flechtens leicht nach oben biegen, um die gewölbte Form zu erzielen. Wenn die Zwischenräume der Staken größer werden, müssen auch die Paare „aufgebrochen" werden. Das heißt, der Flechtfaden läuft nun über oder unter den einzelnen Staken. Für einen Farbwechsel den Anfang der neuen Leine einfach innen 5 cm überstehen lassen und dann wie gewohnt weiterflechten. Die überstehenden Enden werden später im Geflecht der Korbwand versteckt und so gesichert.

5 Ist die gewünschte Höhe erreicht, werden die Drahtenden jeweils um ihre benachbarte Stake gebogen und mit der Zange gekürzt. So entsteht eine Kante mit kleinen Drahtschlingen. Der Flechtfaden wird abgeschnitten und ebenfalls in der Korbwand gesichert.

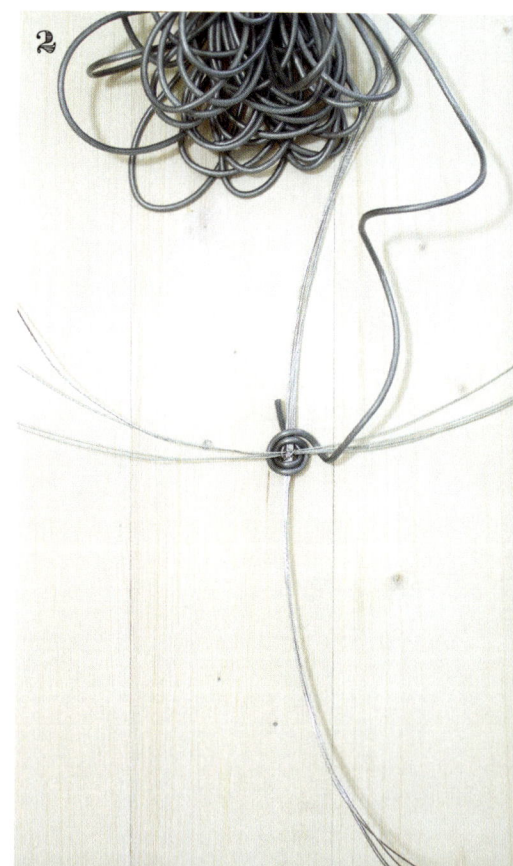

★ BESTICKTES UTENSILO AUS PFLANZTOPF ★

Vielleicht habt Ihr es auch in Eurer Stadt schon einmal entdeckt: Ein Baumstamm bekam über Nacht ein Strickkleid, eine Statue trägt plötzlich einen Häkelschal oder Parkbänke wurden mit Kreuzstichmuster verziert. „Guerilla Knitting" oder „Yarn Bombing" heißt der Trend, der vor ein paar Jahren in Texas entstand. Dabei geht es in erster Linie darum, etwas Farbe und Wärme in den grauen Alltag zu bringen und individuelle Spuren zu hinterlassen. Was den öffentlichen Raum verschönert, funktioniert natürlich auch in den eigenen vier Wänden!

STUMPFE NADEL

KREIDE

STICKWOLLE IN 2 FARBEN (Z.B. ROT UND GELB)

SCHERE

PFLANZTOPF FÜR WASSERPFLANZEN

ALTERNATIVE MATERIALIEN:
Ob Linien, Herzchen, Kreuzstichmuster oder sogar Figuren – besticken lässt sich im Prinzip alles, was Löcher oder ein Gitternetz hat: Vom Stiftehalter über ein Nudelsieb bis hin zu einem Papierkorb oder Stuhl. Schaut Euch einfach zu Hause um, Ihr findet bestimmt etwas, das sich besticken lässt!

SO GEHTS

1 Mit Kreide die erste Linie des Zickzackmusters auf dem Pflanztopf vorzeichnen und mit einer stumpfen Nadel und der Stickwolle nachsticken. Das Fadenende im Topfinneren etwa 10 cm überstehen lassen, es wird später verknotet.

2 Runde für Runde weitersticken, orientiert Euch dabei an der Zickzacklinie der ersten Runde. Die Farben können unterschiedlich miteinander kombiniert werden, so erhält man immer wieder ein anderes Muster. Ihr könnt beispielsweise die obere Hälfte komplett in Gelb sticken und die untere in Rot. Oder Ihr verwendet für jede Runde abwechselnd gelbe und rote Wolle. Hierfür stickt Ihr zunächst nur mit der gelben Wolle und lasst immer eine Runde frei, später füllt Ihr die freie Zickzacklinie mit der roten Wolle auf.

3 Die obere Kante des Topfs wird zum Abschluss mit ein paar kurzen Schlingen verziert. Dazu die Stickwolle einfach von außen schräg nach innen vernähen. Die überstehenden Wollenden werden im Inneren des Topfs miteinander verknotet und gekürzt.

1

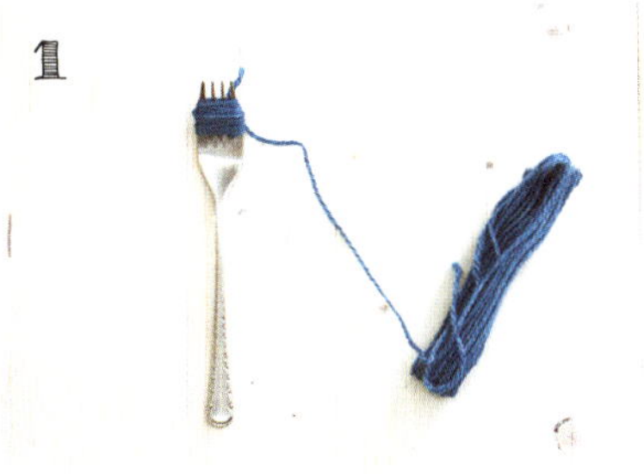

2

3

4

Tipp

Aus Wollresten lassen sich mithilfe einer Gabel im Handumdrehen kleine Pompons basteln, die sich für Haarspangen, als Geschenkdeko oder Mini-girlande eignen. Dazu einfach ein längeres Stück Wolle um die Zinken einer Gabel wickeln, die Mitte mit einem kurzen Stück Wolle fest verknoten. Die Schleife anschließend von der Gabel nehmen und die Seiten mit einer Schere auf-trennen. Pompon in Form schneiden, fertig!

★ DIP-DYE-PAPIERKORB AUS BLECHDOSE UND WÄSCHELEINE

Mithilfe einer alten Baumwoll-wäscheleine und etwas Farbe wird eine XL-Konservendose aus der Großküche oder dem Restaurant Eures Vertrauens ruckzuck zu einem maritimen Papierkorb in aktueller Dip-Dye-Optik. Wenn Ihr dann noch ein paar Rollen an den Boden schraubt, ist Euer neuer Papierkorb nicht nur ein toller Hingucker, sondern auch noch ungemein praktisch!

Tipp

Als kleinere Variante eignet sich die Dose als Stiftesammler für den Schreibtisch oder als Übertopf für Pflanzen. Auch ein Blumenstrauß lässt sich damit prima verschenken.

MATERIAL

MATERIALANGABEN FÜR EINEN KORB MIT ETWA 25 CM DURCHMESSER

SPITZE SCHERE

GROSSE SCHÜSSEL ZUM FÄRBEN

TEXTILFARBE

HEISSKLEBEPISTOLE

WASSER

GROSSE KONSERVENDOSE

BAUMWOLLWÄSCHELEINE (CA. 30M LANG, Ø 1CM)

ALTERNATIVE MATERIALIEN:
Auch bunte Wollreste oder eine naturbelassene Paketschnur lassen sich gut um eine Dose wickeln, dies erfordert jedoch etwas mehr Ausdauer.

SO GEHTS

1 Zunächst die Länge der Wäscheleine bestimmen, die gefärbt werden soll. Dazu die Leine von unten um die Dose wickeln und die gewünschte Stelle markieren. Falls die Wäscheleine durch den früheren Gebrauch schmutzig ist, wascht sie zuvor in der Waschmaschine. Dadurch nimmt sie die Farbe später auch besser auf.

2 Die Textilfarbe in einer Schüssel mit etwas Wasser mischen und den Teil der Leine hineinlegen, der gefärbt werden soll. Etwa 1 Stunde ziehen lassen und dann gut an der Luft oder mit einem Föhn trocknen. Den Vorgang eventuell wiederholen, bis die gewünschte Farbintensität erreicht ist.

3 Das Ende der Leine etwas auflösen, einen großen Tropfen Heißkleber auf den unteren Dosenrand geben und die Fäden des Leinenendes so flach wie möglich ankleben.

4 Die Wäscheleine Runde für Runde um die Dose wickeln und dabei durchgehend mit Heißkleber fixieren.

5 Wenn der obere Dosenrand erreicht ist, die Leine abschneiden. Das Ende wieder leicht auflösen und mit einer spitzen Schere unter das Seil schieben. Dort mit etwas Kleber fixieren.

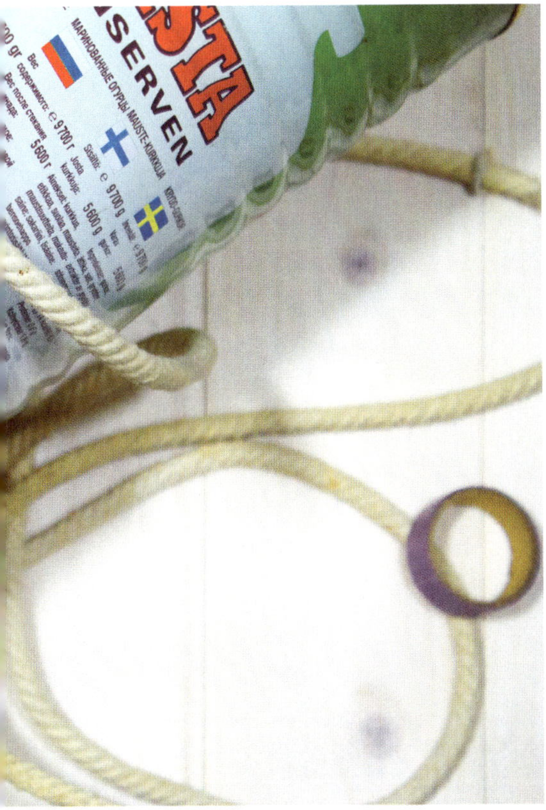

3

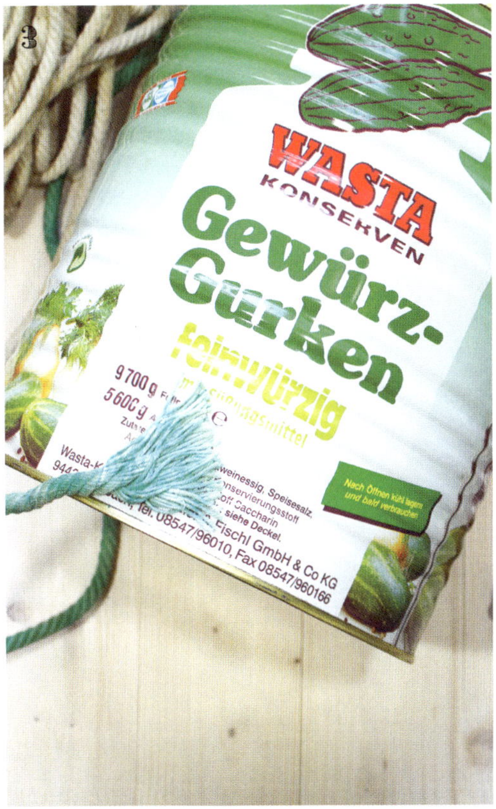
WASTA
KONSERVEN
Gewürz-
Gurken
9700 g
5600 g
Nach Öffnen kühl lagern und bald verbrauchen
Tel. 08547/96010, Fax 08547/960166

4

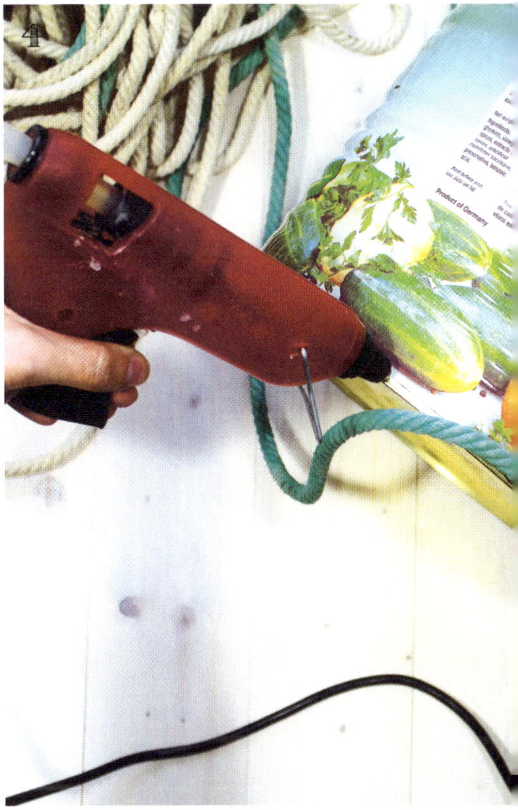

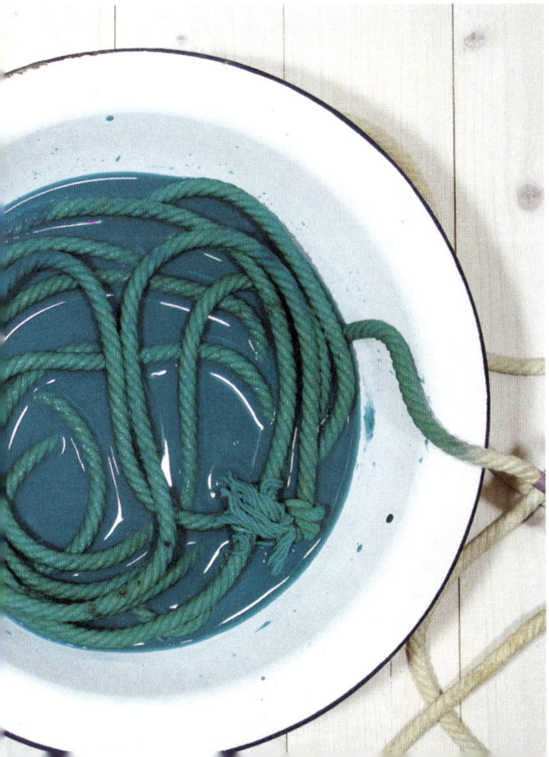

5

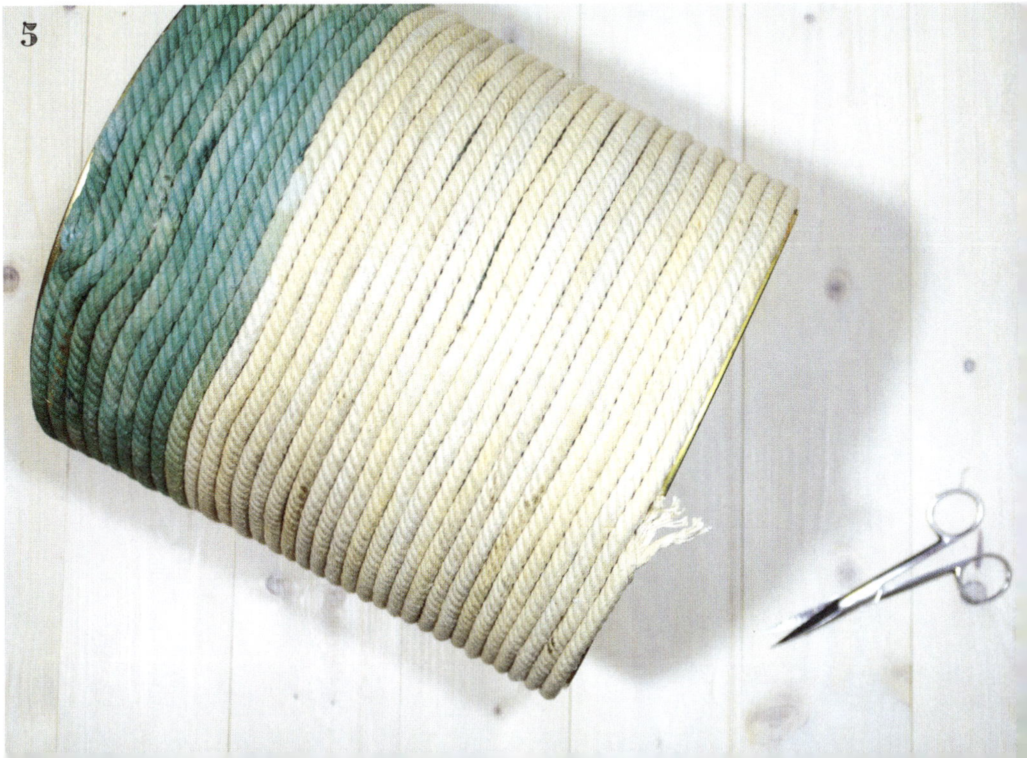

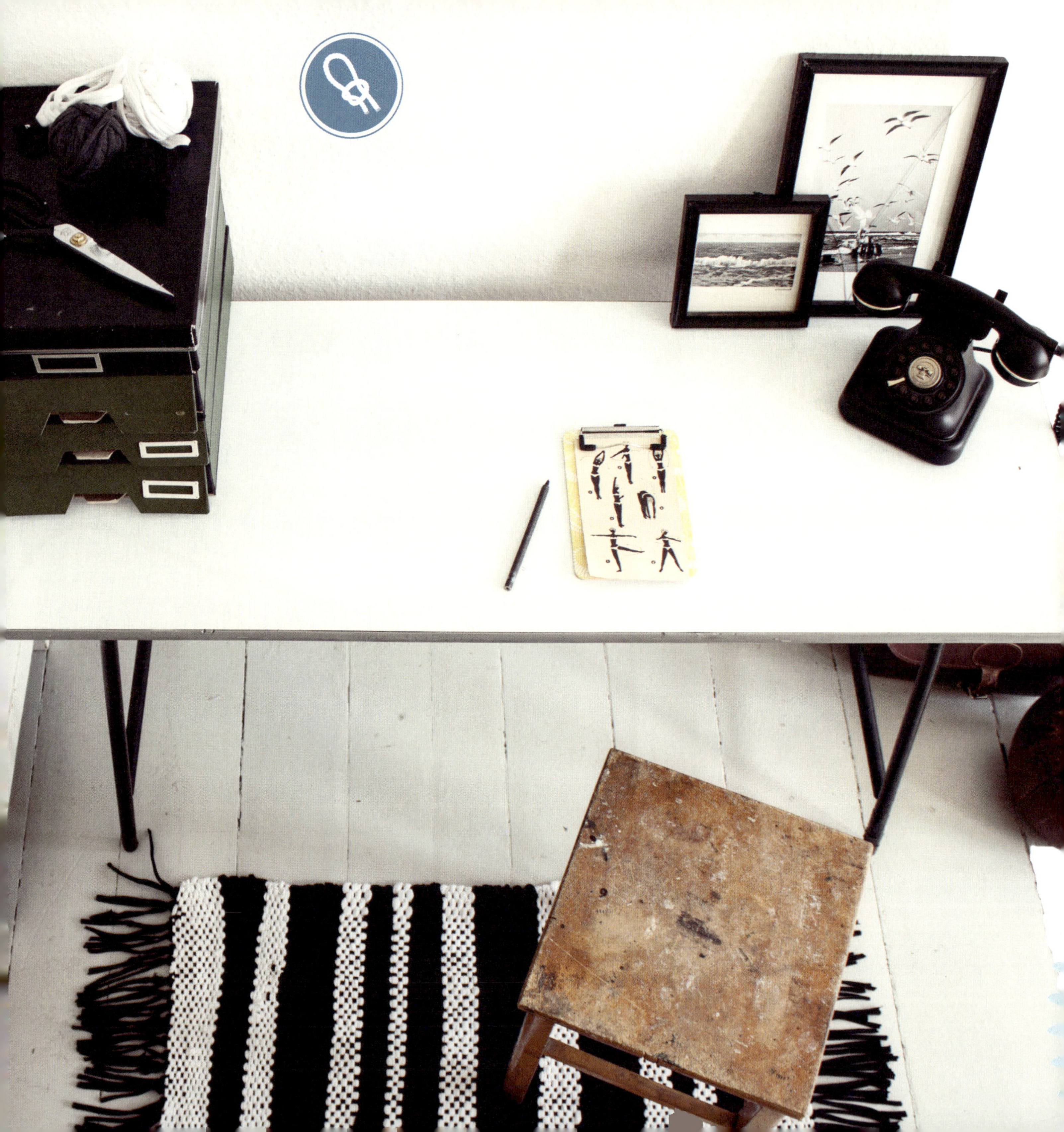

★ GEWEBTER VORLEGER AUS T-SHIRTS ★

Der ideale Vorleger ist gar nicht so leicht zu finden. Entweder hat er die falsche Größe, die Farbe gefällt nicht oder er ist einfach zu teuer. Webt ihn Euch doch einfach selbst! Der Rahmen entsteht aus vier Holzleisten und Nägeln, aus ein paar ausgedienten T-Shirts wird Jerseygarn, das sich leicht verarbeiten lässt und nicht ausfranst. Etwas Geduld und ein paar gemütliche Fernsehabende später liegt Euch ein individueller Teppich zu Füßen!

Tipp

Jerseygarn ist besonders bei Anfängern sehr beliebt, weil sich damit superschnell stricken, häkeln oder flechten lässt. Zum Arbeiten benötigt Ihr dicke Nadeln. Die fertigen Teile sollten per Hand oder in der Maschine bei niedriger Temperatur und in einem Kissenbezug gewaschen werden, damit sie in Form bleiben.

MATERIALANGABEN FÜR EINE VORLEGERGRÖSSE VON 50 X 90 CM

SCHERE, LINEAL, BLEISTIFT

HAMMER

58 NÄGEL (CA. 6 CM LANG)

1 STÜCK PAPPE ZUM WEBEN

7 BIS 8 T-SHIRTS IN WUNSCHFARBEN

2 KÜRZERE HOLZLEISTEN (CA. 60 CM LANG, 6 CM BREIT)

2 LÄNGERE HOLZLEISTEN (CA. 100 CM LANG, 6 CM BREIT)

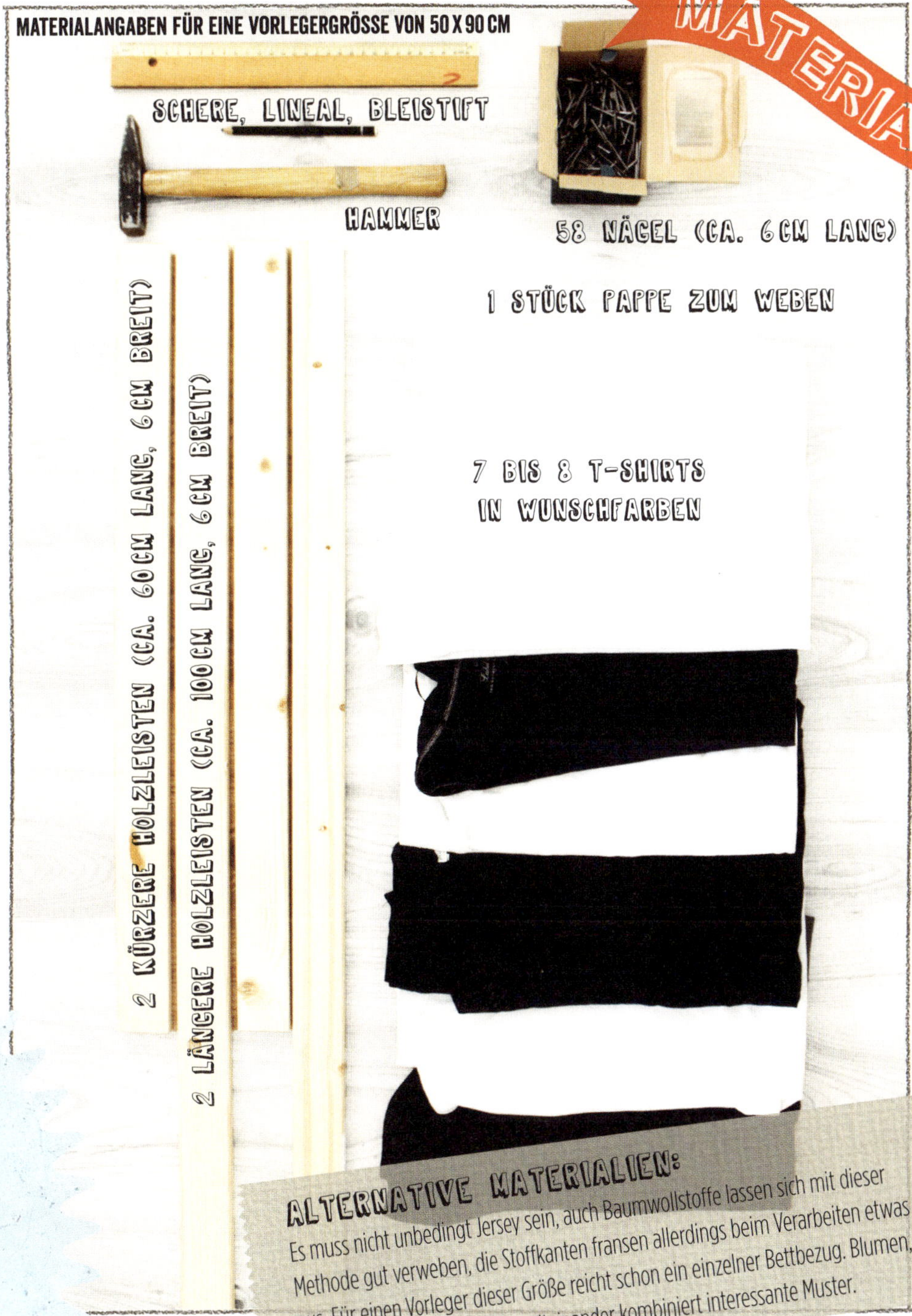

ALTERNATIVE MATERIALIEN:
Es muss nicht unbedingt Jersey sein, auch Baumwollstoffe lassen sich mit dieser Methode gut verweben, die Stoffkanten fransen allerdings beim Verarbeiten etwas aus. Für einen Vorleger dieser Größe reicht schon ein einzelner Bettbezug. Blumen, Punkte oder Streifen ergeben miteinander kombiniert interessante Muster.

SO GEHTS

1 Zuerst wird der Rahmen gebaut. Dazu einfach die Holzleisten aufeinanderlegen und an jeder Ecke zwei Nägel einschlagen, so bleibt der Rahmen stabil. Die kurzen Leisten liegen dabei auf den langen Leisten, das erleichtert später das Weben.

2 Auf den kürzeren Leisten des Holzrahmens mit Lineal und Bleistift alle 2 cm die Abstände markieren und dort die Nägel einschlagen. Beginnt etwa in Höhe der Seitenleiste. Die Nägel sollten fest und leicht nach unten gewinkelt eingeschlagen werden, damit das Garn später nicht abrutschen kann. Schlagt sie nur so weit ein, dass sie stabil stehen, der Großteil der Nägel soll noch aus dem Holz schauen.

3 Als Nächstes ist das Jerseygarn an der Reihe. Der untere Saum des Shirts wird abgeschnitten und entsorgt. Vom restlichen Shirt fertigt Ihr ein ca. 3 cm breites, langes Band, indem Ihr von unten spiralförmig bis zu den Achseln schneidet. Den oberen Teil des Shirts zur Seite legen, Ihr braucht ihn später für die Fransen. Genauso verfahrt Ihr bei den übrigen T-Shirts.

4 Die Bänder mit beiden Händen der Länge nach leicht dehnen, sodass sie sich einrollen und das Jerseygarn ergeben. Das erste Band anschließend im Zickzack um die Nägel führen: Beginnend am ersten unteren Nagel, von dort aus um den ersten oberen Nagel, zurück zum zweiten unteren Nagel usw. Die Enden des Bands werden einfach am Nagel festgeknotet. Dieses Band bildet den sogenannten „Kettfaden".

5 Ein weiteres langes Stück Garn zur Hand nehmen und zum einfacheren Weben auf ein flaches Stück Pappe wickeln, es wird als „Schiffchen" genutzt. Das Garn abwechselnd über den ersten Kettfaden, dann unter den zweiten Kettfaden, über den dritten Kettfaden usw. ziehen, bis die andere Seite erreicht ist. Den Anfang des Bands einfach 5 cm überstehen lassen, es wird später verknotet. Dieses Band bildet den sogenannten „Schussfaden".

6 Das Garn nun um den äußeren Kettfaden wickeln und zurückweben. Diesmal wird das Schiffchen aber genau andersherum durchgezogen. Dort, wo der Faden vorher darüberlief, verläuft er nun darunter und umgekehrt. Nach jeder Runde mit den Fingern das Garn leicht nach unten schieben, damit die Fäden dicht beieinander liegen.

7 Wenn ein Garn zu Ende geht oder mit einer anderen Farbe begonnen werden soll, einfach vom alten und neuen Garn je 5 cm überstehen lassen und weiterweben. Die Euch zugewandte Seite wird später die Rückseite des Vorlegers. Bei jeder Runde darauf achten, dass das Garn der Schussfäden nicht zu sehr gespannt ist, damit der Vorleger eine gleichmäßige Form behält.

8 Wenn das obere Ende erreicht ist, die Stränge von den Nägeln abnehmen. Am einfachsten geht dies, wenn Ihr abwechselnd oben und unten ein paar Stränge abhebt. Den Vorleger in Form ziehen.

9 Für die Fransen die am Anfang zur Seite gelegten T-Shirt-Reste zur Hand nehmen und z. B. aus den Ärmeln etwa 15 lange und 3 cm breite Streifen schneiden. Diese erneut etwas dehnen, zu einer Schlaufe legen und durch die Kettfäden der Ober- und Unterkante führen. Mit einem Knoten festziehen.

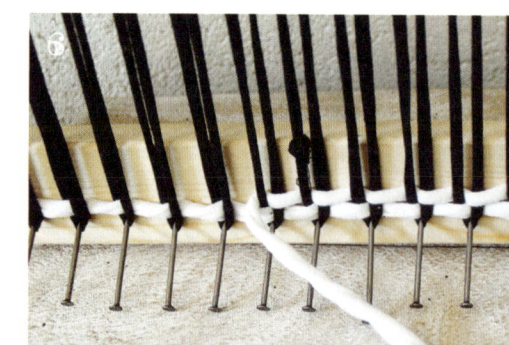

★ MARITIME FUSSMATTE AUS SEIL ★

Der sogenannte „Liebesknoten" ergibt ein maritimes und vielseitig verwendbares Motiv. Man kann ihn aus unterschiedlichen Seilarten herstellen, dünne Schnüre ergeben dekorative Untersetzer oder Platzdeckchen, dicke Seile werden zu Fußabtrettern oder Bettvorlegern. Bevor Ihr Euch jedoch an eine Fußmatte wagt, solltet Ihr den Knoten zuerst in einer kleineren Version probieren, da er etwas Übung und Ausdauer erfordert.

Tipp

Ihr bevorzugt eine andere Größe? Dann passt die Matte einfach in Schritt 5 der Anleitung (siehe Seite 56) an Eure Idealgröße an.

MATERIAL

MATERIALANGABEN FÜR EINE MATTENGRÖSSE VON 40 X 35 CM

DICKE NADEL

MASSBAND

REISS-FESTES GARN

SCHERE

ALTE BAUMWOLLWÄSCHELEINE (CA. 40M LANG, Ø 1CM)

TEPPICHSTRAMIN (CA. 50 X 40 CM)

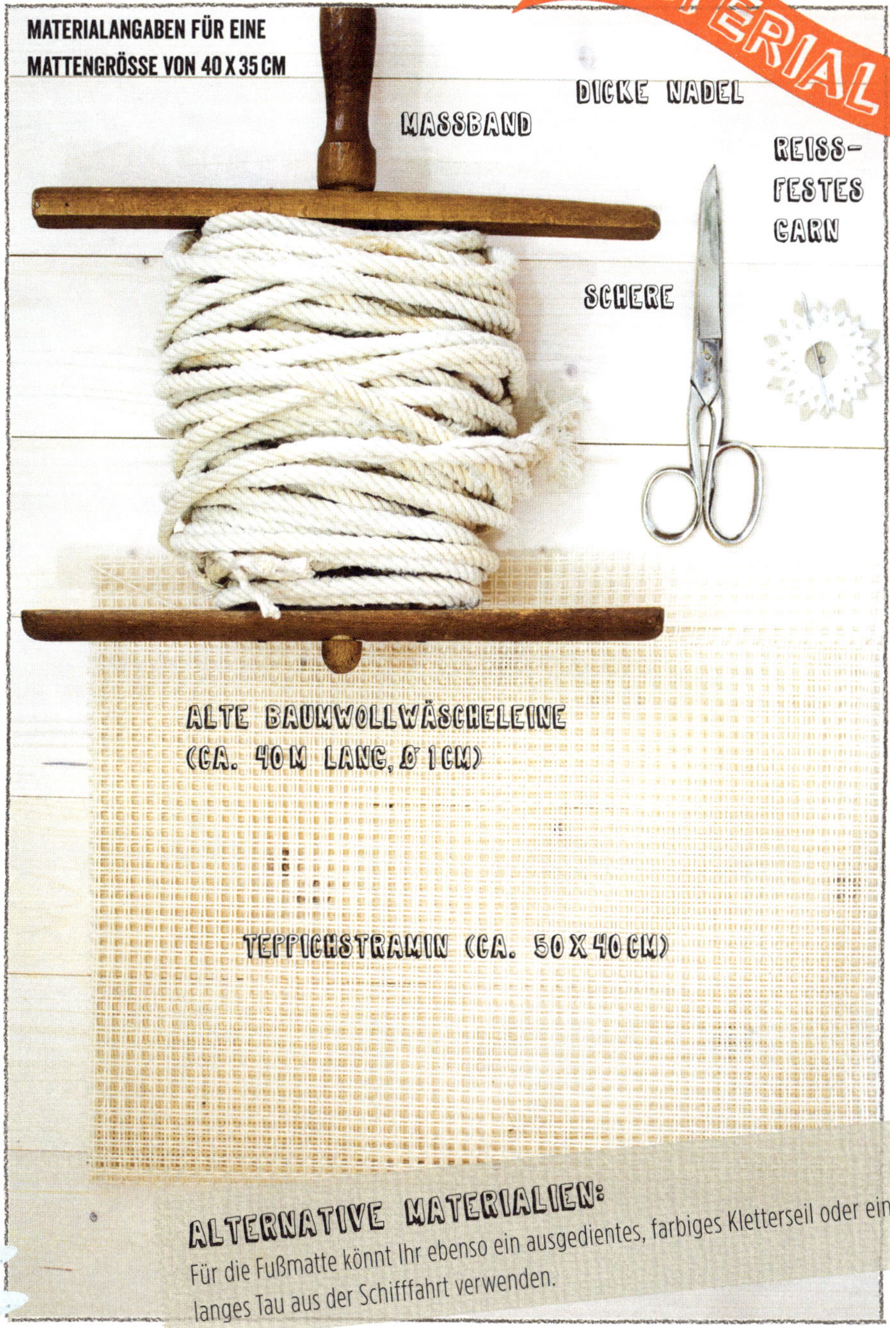

ALTERNATIVE MATERIALIEN:
Für die Fußmatte könnt Ihr ebenso ein ausgedientes, farbiges Kletterseil oder ein langes Tau aus der Schifffahrt verwenden.

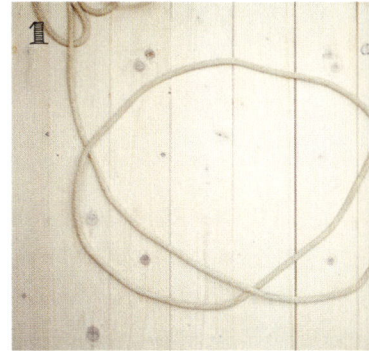

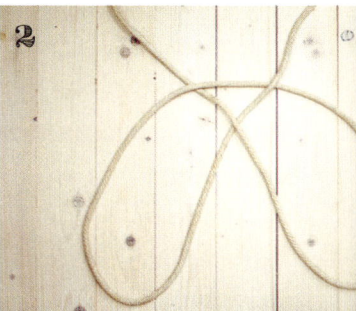

SO GEHTS

1 Die Mitte der Schnur festlegen und einen Kreis formen. Das linke Ende der Schnur liegt unter dem Kreis, das rechte darüber.

2 Öffnet den Kreis, indem Ihr an den beiden unteren Schlingen, die sich gebildet haben, zieht.

3 Eine Schlinge in jede Hand nehmen – bei der linken Hand zeigt die Innenseite der Handfläche nach unten, bei der rechten Hand nach oben. Beide Handgelenke um 180 Grad nach links drehen. Eure Hände sollten nun so liegen wie auf Bild 3. Die Schlingen festhalten.

4 Die linke Hand über die rechte Hand legen, sodass sich beide Schlingen kreuzen.

5 Nun wird die Größe und Form der Fußmatte festgelegt. Überprüft mit einem Maßband, ob die Größe stimmt und gleicht die Form durch vorsichtiges Ziehen der Schnüre an.

6 Mit der rechten Hand nehmt Ihr das oben links liegende Ende auf und biegt es nach links. Das Schnurende wird über den äußeren Strang der mittleren Schlinge gelegt, dann unter den beiden Schlingen in der Mitte entlanggeführt und wieder über den rechten äußeren Strang gelegt.

7 Die mittlere Schlinge mit einer Hand fixieren und vorsichtig das Seil nach rechts durchziehen.

8 Nehmt nun das oben rechts liegende Ende in die Hand und führt es durch die Mitte nach unten links. Dabei abwechselnd unter dem äußeren Strang der mittleren Schlinge, über, unter, über und unter die folgenden Stränge weben.

9 Die Stränge in eine schöne Form legen und die Abstände gleichmäßig anordnen.

10 Das untere rechte Ende aufnehmen und entlang dem linken Seil schräg nach oben durchfädeln.

11 Weiter dem Strang folgen und die Schnüre nebeneinanderlegen, bis vom linken Seil nichts mehr übrig ist.

12 Wenn das Ende des linken Seils erreicht ist, mit dem anderen Ende in gleicher Weise weiterflechten.

Fortsetzung auf Seite 58

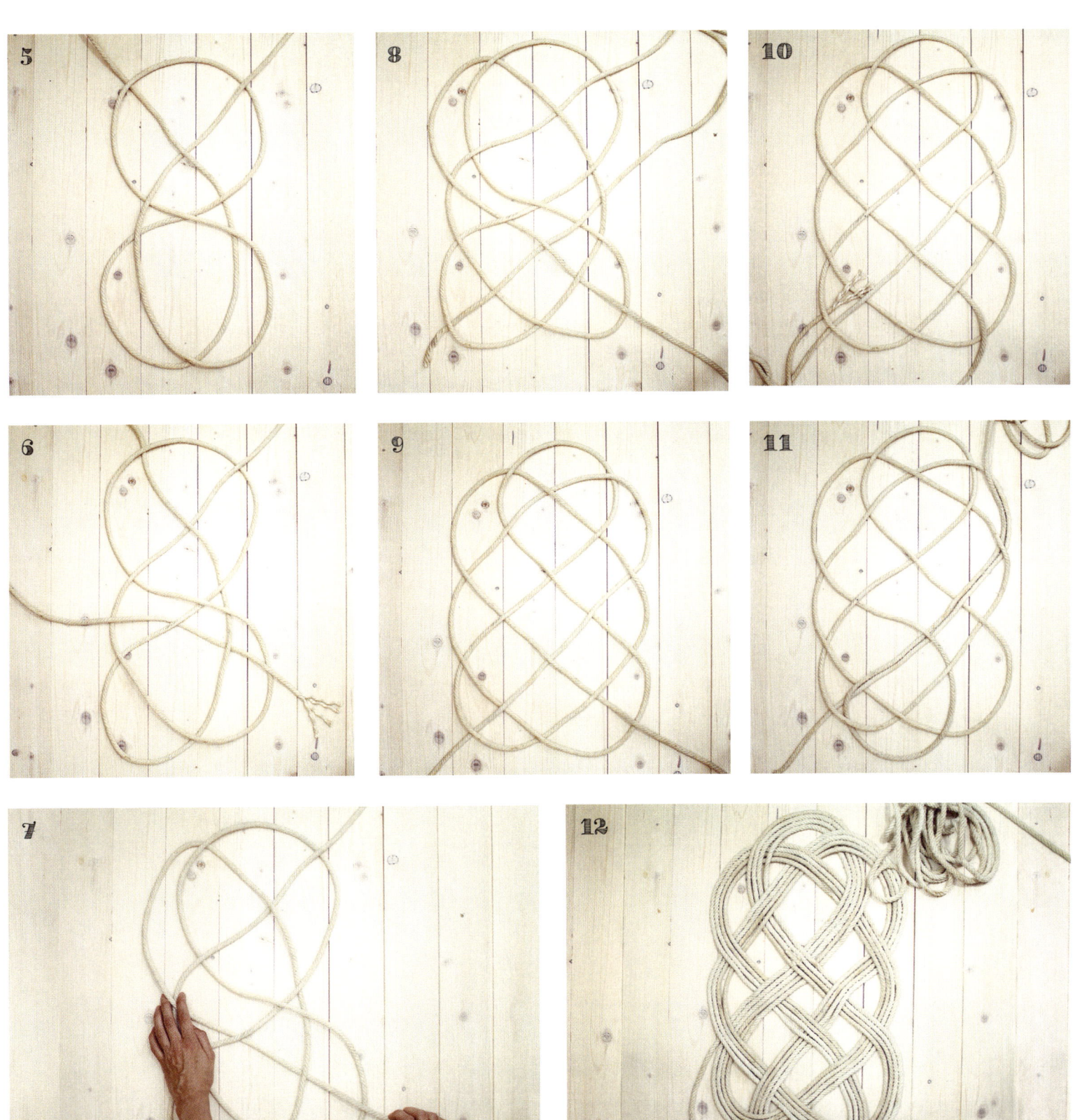

SO GEHTS WEITER

13 Wenn alle Zwischenräume weitgehend gefüllt sind, ist die Matte fertig. Nicht verzweifeln, wenn Euch das nicht auf Anhieb gelingt, beim zweiten oder dritten Versuch wird das Ergebnis besser!

14 Zur Stabilisierung wird die Matte auf einem Stück Stramin fixiert. Dazu die Fußmatte vorsichtig anheben und mittig auflegen.

15 Mit Nadel und Garn werden nun Schnüre und Stramin miteinander verbunden. Seilanfang und -ende werden auf der Rückseite festgenäht.

16 Zum Schluss nur noch das überflüssige Stramin zurückschneiden.

Tipp

Ahoi! Eine kleinere Variante wird zu einem ganz besonderen Getränke-Untersetzer.

★ FRÖHLICHES EULENKISSEN AUS FROTTEEHANDTÜCHERN

Aus zwei kuscheligen Frottee-
handtüchern entsteht in Null-
kommanichts eine witzige,
extraweiche Sofa-Eule. Sie ist
vielseitig einsetzbar – als ganz
persönliches Geschenk oder
hübsches Dekokissen, sogar als
Kissenersatz ist sie aufgrund
ihrer einfachen Form und dem
mit Watte gefüllten Körper
hervorragend geeignet.

Tipp

Kleine Eulen sind ein schönes Mitbringsel oder
Trosthelfer für Groß und Klein. Für eine Mini-
variante einfach zwei Stoffstücke mit 30 x 45 cm
zuschneiden oder ein Handtuch in der Mitte
halbieren. Augen und Schnabel können auch
aufgestickt oder durch Knöpfe ersetzt werden.

★ MATERIAL

MATERIALANGABEN FÜR EINE KISSENGRÖSSE VON 35 X 45 CM

2 KLEINE FROTTEEHANDTÜCHER
(ETWA GLEICH GROSS)

FÜLLWATTE

SCHERE

Gütermann

TEXTILKLEBER

MASSBAND, NADEL, NÄHMASCHINE,
GARN, STIFT, STECKNADELN

KLEINE FILZRESTE
(IN 3 FARBEN)

ALTERNATIVE MATERIALIEN:

Wer gerade keine passenden Handtücher findet, kann auch Stoffreste von Vorhängen, Bettwäsche, einem Bademantel o. Ä. verwenden. Daraus einfach zwei Stoffstücke mit je ca. 45 x 70 cm
zuschneiden. Dünne Stoffe müssen allerdings vor dem Verarbeiten auf der Rückseite mit Vlies
verstärkt werden.

SO GEHTS

1 Das erste Handtuch flach auf dem Tisch ausbreiten. Wenn die Handtücher unterschiedlich groß sind, wird dafür das kleinere von beiden benutzt. Die linke Seite zeigt nach oben, die rechte, schönere Seite des Handtuchs zeigt zur Tischplatte. An der einen kürzeren Kante markiert Ihr die Mitte, an den beiden Längsseiten messt Ihr jeweils 20 cm ab und setzt kleine Markierungen.

2 Die drei Punkte miteinander verbinden. Das zweite Handtuch darunterlegen und feststecken, beide schönen Seiten liegen innen.

3 Mit der Nähmaschine und einem engen Gradstich näht Ihr entlang der äußeren Kanten und der gezeichneten Linien. Auf der Seite, die der Spitze gegenüberliegt, lasst Ihr eine ca. 10 cm große Öffnung zum Wenden. Die Nahtzugaben anschließend zurückschneiden und das Kissen wenden.

4 Das obere Dreieck umklappen und die Spitze per Hand festnähen. Dabei aufpassen, dass Ihr Vorder- und Rückseite des Kissens nicht zusammennäht.

5 Die Frotteereste zerschneiden und unter die Füllwatte mischen, anschließend das Kissen damit stopfen. Die Öffnung mit ein paar Stichen zunähen.

6 Nach den Vorlagen auf Seite 120 die Augen und den Schnabel aus Filz ausschneiden. Auf dem Kissen positionieren und vor dem Annähen mit einigen Punkten Textilkleber vor dem Verrutschen sichern.

7 Augen und Schnabel zum Schluss mit ein paar dekorativen Stichen festnähen.

★ GLAMOURÖSE VASE AUS ALTGLAS ★

Leere Flaschen und Gläser gehören nicht immer in den Altglascontainer. In wenigen Minuten lässt sich daraus eine im wahrsten Sinne des Wortes „glänzende" Partydeko zaubern. Für frische Blumen, für Kerzen, für Snacks – für alles! In kleinen Flaschen kommen besonders einzelne Federn oder getrocknete Pflanzen vom letzten Spaziergang wunderbar zur Geltung.

Tipp

Ein passendes Partyaccessoire lässt sich fast nebenbei anfertigen: Schneidet ein Herz oder einen Stern aus festem Filz aus und bringt anschließend das Paillettenband mit Flüssigkleber auf – dabei vom äußeren Rand nach innen arbeiten. Auf der Rückseite eine Sicherheitsnadel oder Haarspange befestigen, schon sind Euer neuer funkelnder Kopfschmuck oder eine Brosche fertig.

MATERIAL

DOPPELSEITIGES KLEBEBAND

SCHERE

PAILLETTENBAND

Flitterschlung
Farbnr. 5921 730 70200062
Art.: 6 mm
farbig
Inhalt: 10 m
EVP 3,80 M

VEB
Annaberg-Buchholz 1

FLASCHE/GLAS

ALTERNATIVE MATERIALIEN:

Wer es etwas dezenter mag, kann die Flaschen auch mit bunten Wollfäden oder naturbelassener Paketschnur umwickeln. Je nachdem welche Farben und Materialien verwendet werden, lassen sich die unterschiedlichsten Dekoeffekte erzielen.

SO GEHTS

1 Zuerst klebt Ihr zwei bis drei Streifen doppelseitiges Klebeband auf die Flasche bzw. das Glas. Dabei direkt am Boden beginnen und dicht am Flaschenhals enden.

2 Das Paillettenband von unten nach oben um die Flasche wickeln und an den Klebestellen gut andrücken.

3 Achtet darauf, dass Anfang und Ende des Bands wirklich festkleben und sich im Laufe der Zeit nicht ablösen können.

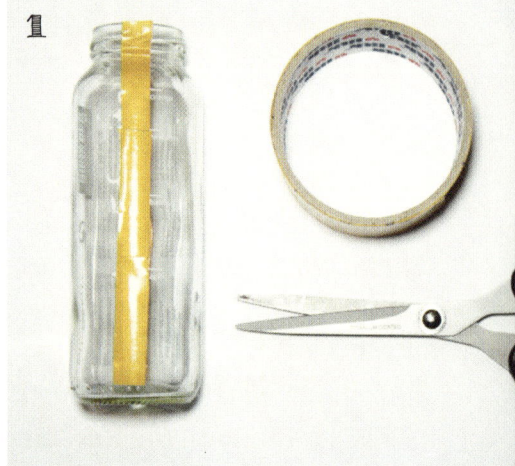

★ SCHLEIFEN-HAARBAND UND DEKOGIRLANDE AUS STRUMPFHOSEN ★

Ein kleiner Riss, ein zartes Loch, ein gezogener Faden und eine weitere Lieblingsstrumpfhose landet im Müll. Nicht so schnell! Aus einer bunten Strumpfhosen-Sammlung lässt sich mit wenigen Mitteln die nächste Partydeko herstellen. Und ein passendes Haaraccessoire geben die Nylonreste auch noch her!

SCHERE

1 NYLONSTRUMPFHOSE

Tipp

Rechts findet Ihr die Materialangaben für das Schleifen-Haarband, für das Ihr nur eine einzige Strumpfhose benötigt! Wenn Ihr mehr kaputte Exemplare zu Hause habt – am besten in möglichst bunten Farben –, dann probiert doch auch die Dekogirlande auf Seite 71. Ebenfalls supereinfach herzustellen, aber sehr effektvoll!

ALTERNATIVE MATERIALIEN:
Statt Nylon könnt Ihr auch Jersey von alten T-Shirts verwenden, da die Schnittkanten bei diesem Stoff nicht ausfransen.

SCHLEIFEN-HAARBAND

1 Den oberen Teil des Strumpfhosenbunds abschneiden.

2 Den Bund von beiden Seiten bis zur mittleren Naht einschneiden, um ein doppeltes Haarband zu erhalten.

3 Von einem Strumpfbein ein breites Stück abschneiden, daraus formt Ihr später die Schleife.

4 Außerdem noch einen dünnen Streifen abschneiden und dehnen, damit er sich zu einem schmalen Band zusammenrollt. Er wird zum Festbinden der Schleife benötigt. Legt alle drei Teile vor Euch hin.

5 Aus dem breiten Stück mit zwei Fingern eine Schleife formen.

6 Diese auf die Naht des Bunds legen und mit dem schmalen Streifen festbinden, Überstehendes zurückschneiden.

7 Umdrehen und die Schleife in Form zupfen. Ihr könnt sie als Stirnband oder wie einen Haarreif tragen.

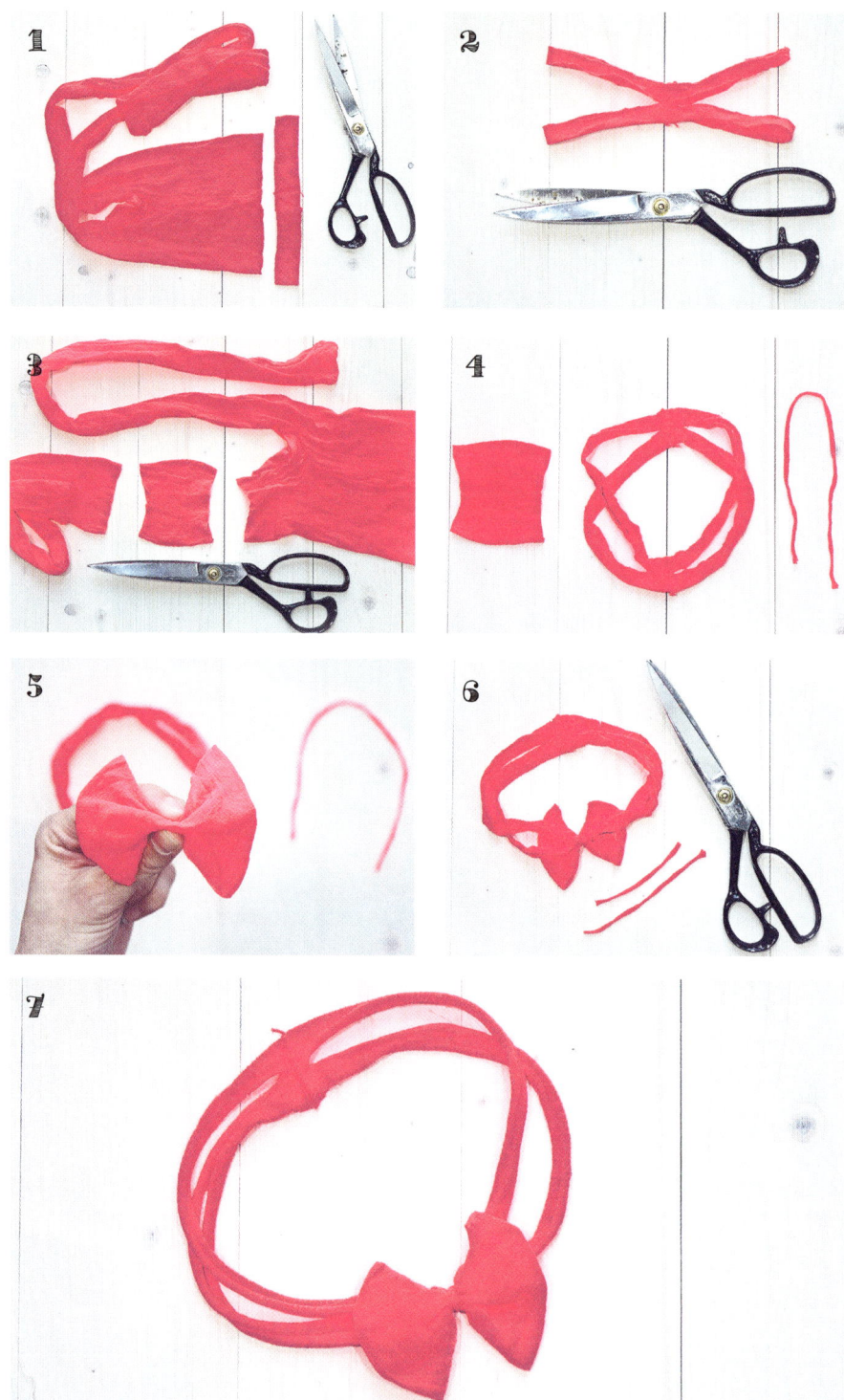

SO GEHTS

1 Die Beine vom oberen Hosenteil abschneiden und ebenso die Fußspitzen entfernen.

2 Die einzelnen Beinteile trennt Ihr auf und schneidet sie in ca. 2 cm breite Streifen. Mit beiden Händen etwas auseinanderziehen, damit sich das Material dehnt.

3 Vom Oberteil der Strumpfhose ein paar schmale Streifen abschneiden und ebenfalls dehnen.

4 Immer zwei lange Streifen um die Finger wickeln und mit dem Daumen festhalten. Ihr könnt auch drei oder vier Streifen verwenden, so wird der Pompon voller. Dann benötigt Ihr allerdings auch mehr Strumpfhosen.

5 Das Knäuel vorsichtig abnehmen und mit den Fingern zusammenhalten.

6 In der Mitte mit dem schmalen Streifen einen festen Knoten machen.

7 Die Schlingen trennt Ihr mit der Schere auf, sodass ein Pompon entsteht. Danach viele weitere kleine Pompons herstellen.

8 Alle Pompons werden zum Schluss an dem reißfesten Band befestigt. Dafür nutzt Ihr am besten das überstehende Band vom Knoten in der Mitte und kürzt es anschließend. Pompons in Form zupfen und gegebenenfalls rund schneiden.

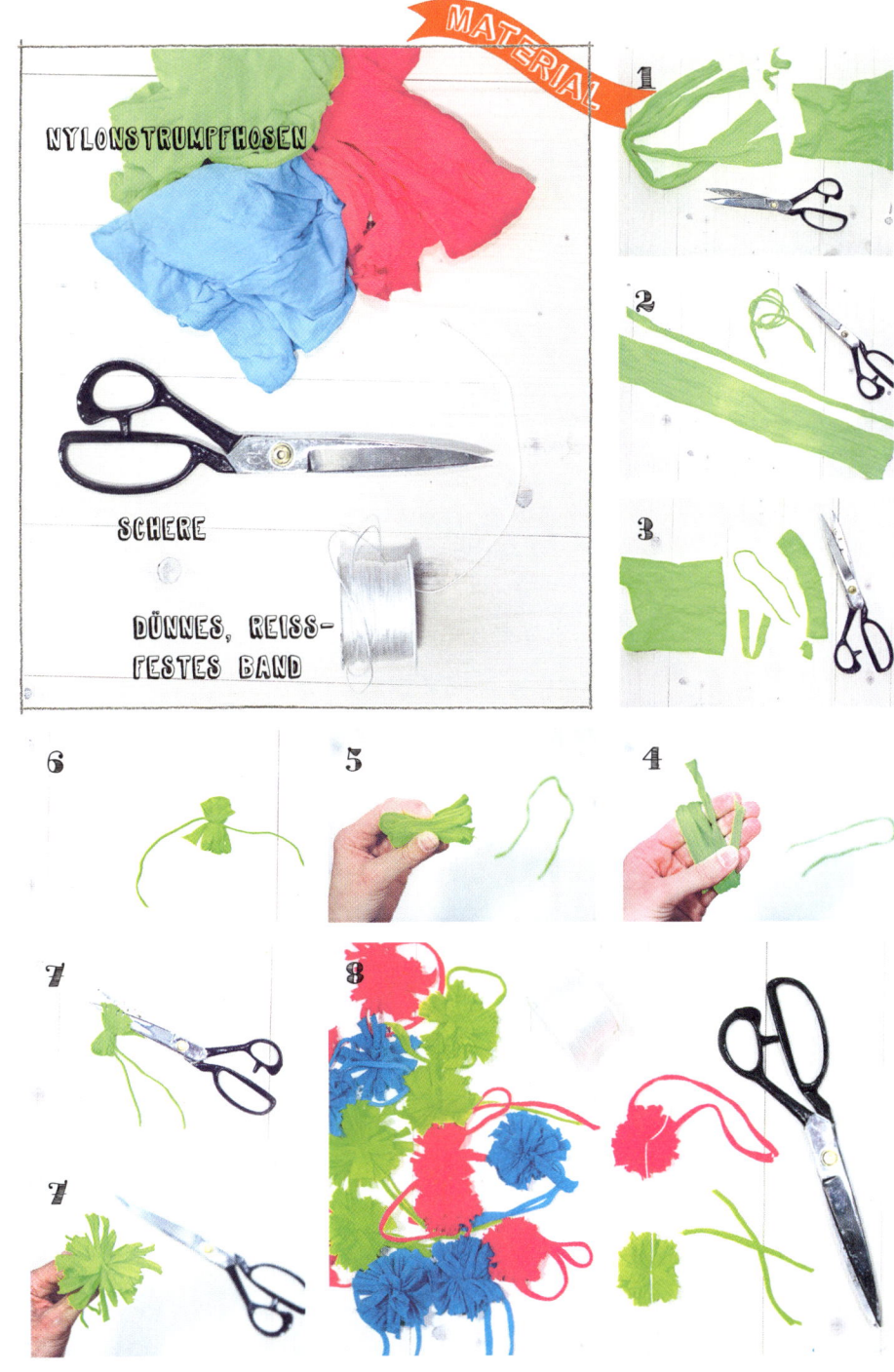

NYLONSTRUMPFHOSEN

SCHERE

DÜNNES, REISSFESTES BAND

MATERIAL

★ ROMANTISCHE UHR AUS HÄKELDECKCHEN ★

Jetzt ist Schluss mit dem verstaubten Vitrinendasein! Häkeldeckchen hängen von nun an der Wand, bekommen eine Farbkur und erstrahlen so in altem Glanz. Hoffnungslose, aber zukünftig pünktliche Romantiker werden sie genauso lieben wie einst Oma.

Tipp

Wählt möglichst ein Spitzendeckchen aus, dessen Muster dicht gewebt ist. Je größer die Löcher im Deckchen sind, desto weniger stabil ist die Uhr später.

MATERIAL

BÜGELEISEN UND BÜGELBRETT

HOLZLEIM

UHRWERK (Z.B. AUS EINER ALTEN UHR)

SPRÜHFARBE

BAUMWOLLTUCH

SCHALE

WASSER

SPITZE SCHERE

STECKNADELN

SPITZENDECKCHEN, (Ø CA. 25 CM)

MALERKLEBEBAND

ALTERNATIVE MATERIALIEN:
Die meisten Häkeldeckchen sind weiß, aber es gibt durchaus auch Varianten, die bereits aus buntem Garn gefertigt wurden und somit ohne Färben verwendet werden können. Hier lohnt es sich, in den verschiedenen Angeboten im Internet und auf Flohmärkten zu stöbern!

1 Zuerst Holzleim und Wasser in einer Schüssel im Verhältnis 1:1 mischen.

2 Das Spitzendeckchen darin einlegen und durchkneten, damit es sich mit dem Leim-Wasser-Gemisch gut vollsaugt.

3 Dann breitet Ihr das Deckchen auf einem mit Baumwolltuch bespannten Bügelbrett aus und zieht es in Form. Mit Stecknadeln fixieren und etwas trocknen lassen.

4 Wenn das Deckchen handtuchtrocken ist, bügelt Ihr es mit dem Bügeleisen auf mittlerer Stufe glatt. Die restliche Feuchtigkeit über Nacht austrocknen lassen.

5 Draußen oder in einem gut belüfteten Raum das Deckchen von beiden Seiten mit Farbe einsprühen. Gut trocknen lassen.

6 Beim Uhrwerk die Aufsätze für die Zeiger mit Malerklebeband abdecken und die Vorderseite des Gehäuses ebenfalls mit der Farbe einsprühen.

7 Wenn alles trocken ist, vergrößert Ihr mit einer spitzen Schere das Loch in der Mitte des Deckchens, steckt das Uhrwerk hindurch und bringt die Zeiger an. Fertig!

★ MODERNE LAMPE AUS HÄKELDECKCHEN ★

Wie im Projekt zuvor gesehen, müssen sich Omas liebevoll gehäkelte Spitzendeckchen schon lange nicht mehr in dunklen Vitrinen verstecken. Als Lampenschirm umfunktioniert werden sie in Kombination mit einem neonfarbenen Textilkabel und einer passenden Fassung zu einem modernen Wohnaccessoire und einem Blickfang in jedem Wohnzimmer.

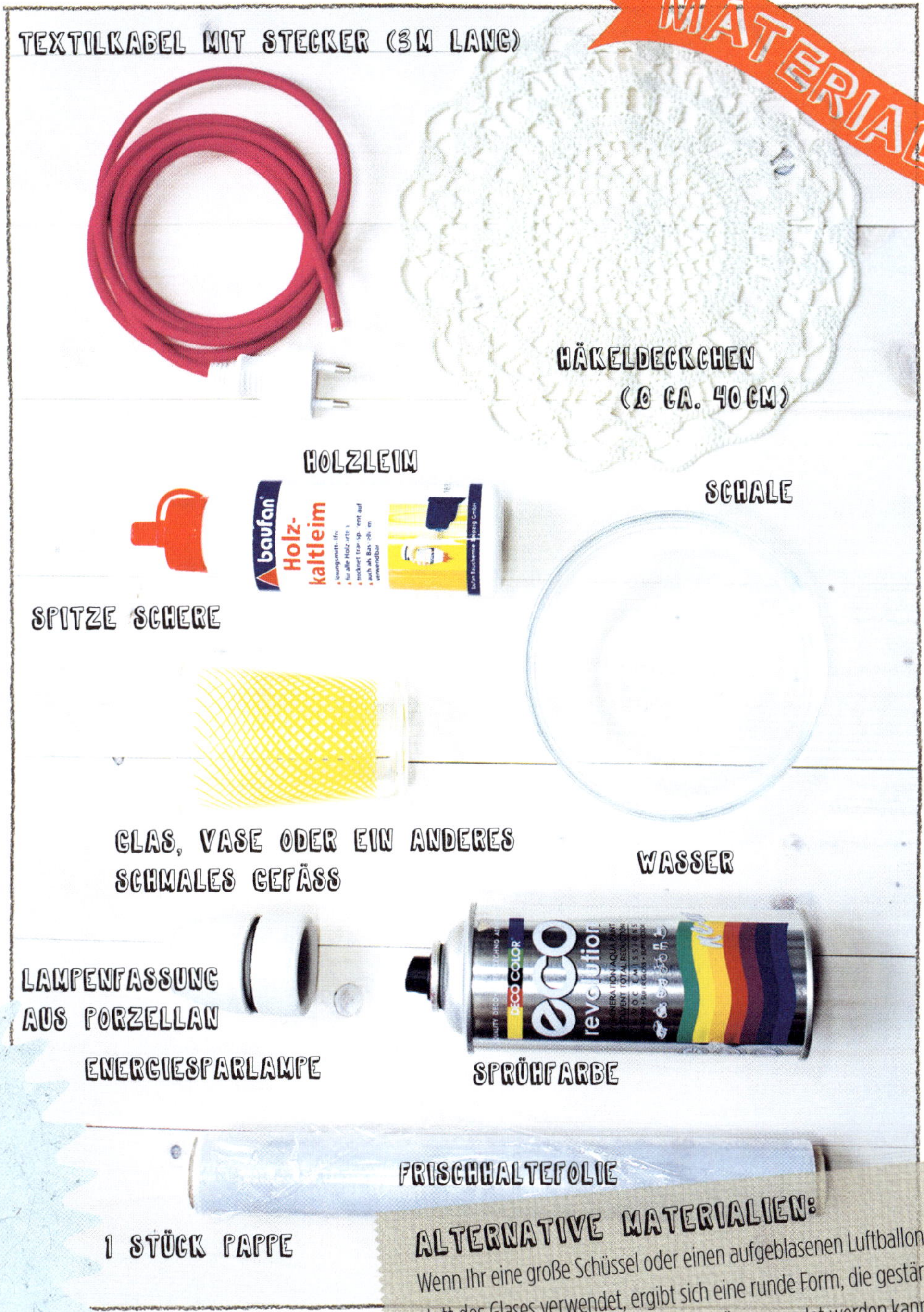

Tipp

Es gibt mehrere Möglichkeiten, Spitzendeckchen zu stärken. Statt Holzleim kann man z. B. auch eine Zuckerlösung verwenden. Dazu 1 Teil Zucker und 3 Teile Wasser erhitzen, den Zucker darin auflösen und anschließend die Lauge abkühlen lassen. Oder man rührt ca. 50 g Maisstärke mit 100 ml Wäschesteife an.

MATERIAL

TEXTILKABEL MIT STECKER (3M LANG)

HÄKELDECKCHEN (Ø CA. 40 CM)

HOLZLEIM

baufan Holz-kaltleim

SPITZE SCHERE

SCHALE

GLAS, VASE ODER EIN ANDERES SCHMALES GEFÄSS

WASSER

LAMPENFASSUNG AUS PORZELLAN

ENERGIESPARLAMPE

ECO revolution

SPRÜHFARBE

FRISCHHALTEFOLIE

1 STÜCK PAPPE

ALTERNATIVE MATERIALIEN:
Wenn Ihr eine große Schüssel oder einen aufgeblasenen Luftballon statt des Glases verwendet, ergibt sich eine runde Form, die gestärkt gut als Schale für Schlüssel, Schmuck o. Ä. verwendet werden kann.

1 Wasser und Holzleim im Verhältnis 1:1 in einer Schale verrühren.

2 Das Spitzendeckchen darin einlegen und durchkneten, bis es die Flüssigkeit gut aufgenommen hat.

3 Das Glas in Frischhaltefolie hüllen und das Deckchen mittig darüberlegen. Den Rand des Deckchens gleichmäßig in Falten legen und über Nacht trocknen lassen. Wenn es eilt, könnt Ihr den Trocknungsprozess auch mit einem Fön beschleunigen.

4 Die Porzellanfassung schraubt Ihr auseinander, legt sie auf ein Stück Pappe und sprüht sie farbig ein. Unbedingt im Freien oder in einem gut belüfteten Raum arbeiten.

5 Das getrocknete Deckchen vorsichtig von Glas und Frischhaltefolie lösen. Mit einer spitzen Schere das Loch in der Mitte vergrößern und das Textilkabel durchführen. Porzellanfassung am Kabel anbringen. Verwendet nur Energiesparlampen, da diese keine Hitze entwickeln!

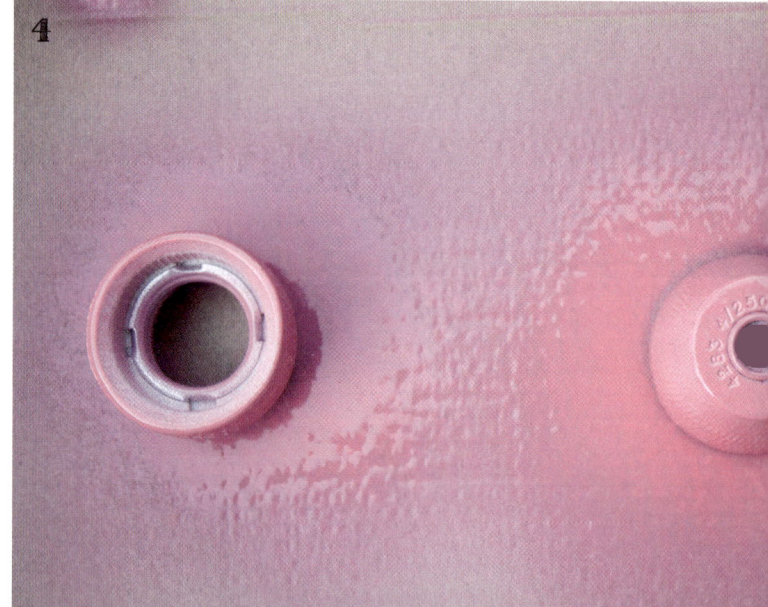

★ SONNIGES KISSEN AUS HÄKELDECKCHEN ★

Ein fröhliches Sonnengesicht vertreibt garantiert jeden trüben Gedanken. Egal, ob als Glücksbringer, Kuschelkissen oder zum Spielen - mit diesem Kissen aus Filz und einem alten Häkeldeckchen scheint täglich die Sonne, nicht nur im Kinderzimmer!

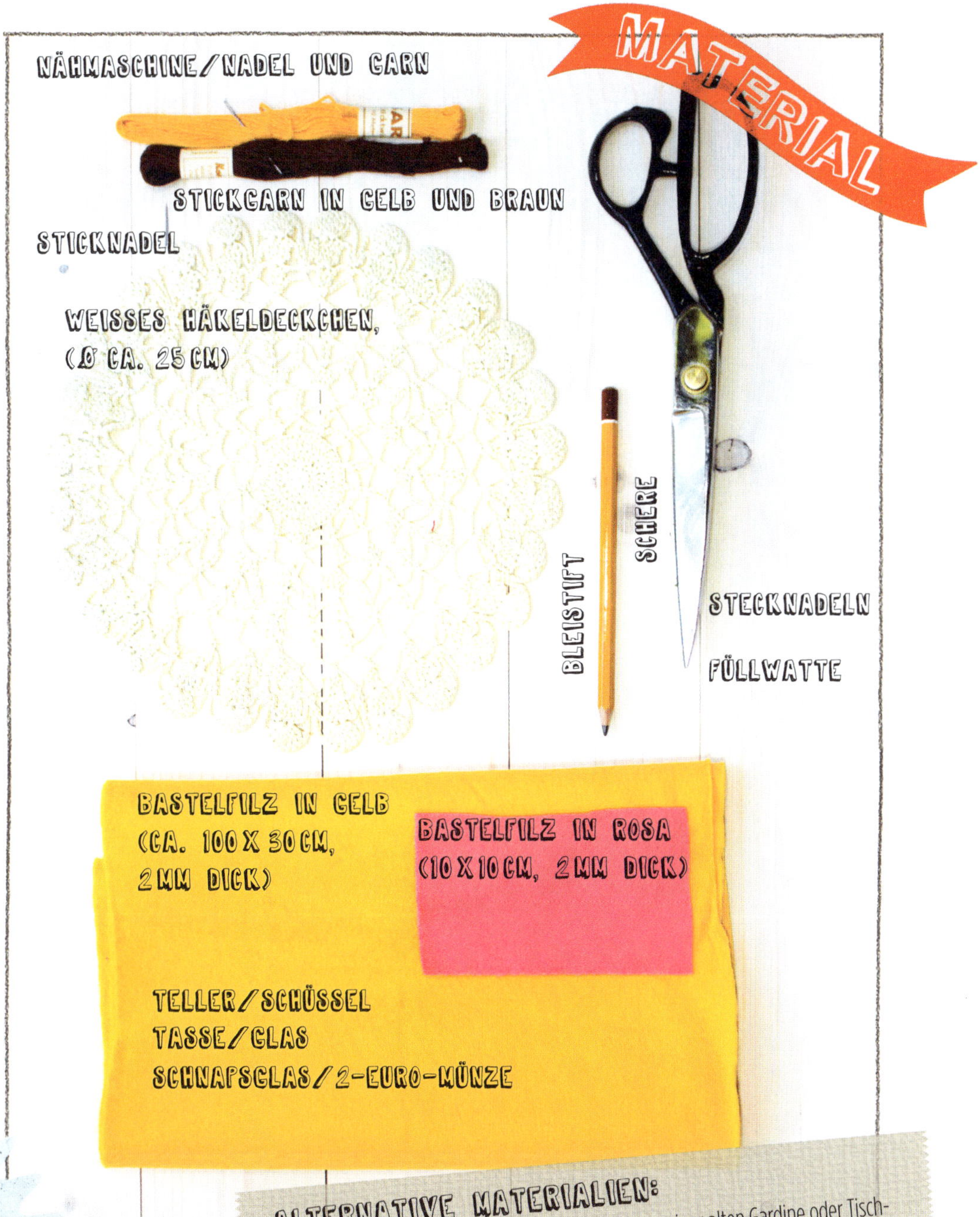

Tipp

Näht eine Spieluhr ins Innere des Kissens ein und Ihr erhaltet ein tolles, ganz persönliches Geschenk zur Geburt oder Taufe.

MATERIAL

NÄHMASCHINE/NADEL UND GARN

STICKGARN IN GELB UND BRAUN

STICKNADEL

WEISSES HÄKELDECKCHEN, (Ø CA. 25 CM)

BLEISTIFT

SCHERE

STECKNADELN

FÜLLWATTE

BASTELFILZ IN GELB (CA. 100 X 30 CM, 2 MM DICK)

BASTELFILZ IN ROSA (10 X 10 CM, 2 MM DICK)

TELLER/SCHÜSSEL
TASSE/GLAS
SCHNAPSGLAS/2-EURO-MÜNZE

ALTERNATIVE MATERIALIEN:
Statt eines Häkeldeckchens kann man auch die Spitze einer alten Gardine oder Tischdecke passend zuschneiden. Füllwatte bekommt man am günstigsten von ausgedienten Kopfkissen oder Kuscheltieren.

SO GEHTS

1 Schneidet mithilfe eines Tellers oder einer Schüssel zwei Kreise aus dem gelben Filz aus, die etwas kleiner sind als das Häkeldeckchen.

2 Das Häkeldeckchen legt Ihr nun auf den Tisch und richtet beide Filzkreise mittig darauf aus. Alle drei Schichten mit ein paar Stecknadeln fixieren. Per Hand oder mit der Nähmaschine zusammennähen, dabei eine kleine Öffnung von 3 cm lassen.

3 Mit Füllwatte aufpolstern und die Öffnung mit ein paar Stichen schließen.

4 Mit einer Tasse oder einem Trinkglas einen kleinen gelben Kreis aus Filz ausschneiden. Er wird das Gesicht der Sonne.

5 Den Kreis näht Ihr mittig auf das Häkeldeckchen auf. Für das Sonnengesicht zuerst zwei kleine Kreise mithilfe des Bodens eines Schnapsglases oder einer 2-Euro-Münze aus dem rosafarbenen Filz ausschneiden und als Bäckchen aufnähen, anschließend stickt Ihr Augen, Mund und Wimpern auf.

20 ml

Qt AQUA
...druckfa...
ROT ROUGE

Flitterschlung

Farbnr. 5921730 702 00062

Art.: 6 mm

farbig

Inhalt: 10 m

EVP 3,80 M

VEB
Annaberger Wäschewerk
Bereich Flittererzeugnisse
9300 Annaberg-Buchholz 1

323

0 1 2 3 4 5 6 7

HÜBSCHES & PRAKTISCHES

★ BRILLENETUI AUS PLASTIKTÜTE ★

Egal, wie sehr man sich auch bemüht, Plastiktüten lassen sich im Alltag einfach nie ganz vermeiden. Und demnächst werdet Ihr Euch sogar heimlich freuen, wenn Ihr ein besonders schönes Exemplar bekommt. Mit einem Bügeleisen bearbeitet lassen sich nämlich tolle Sachen daraus nähen. Wie dieses Brillenetui zum Beispiel.

Tipp

Jede Plastiktüte ist anders, besonders die verschiedenen Stärken führen zu unterschiedlichen Ergebnissen. Es gibt Tüten, die sauberer zusammenschmelzen als andere, verwendet daher nicht unbedingt die Lieblingstüte aus der Sammlung Eurer Freundin. Arbeitet außerdem unbedingt im Freien oder am offenen Fenster, da beim Bügeln von Plastik Dämpfe entstehen.

MATERIAL

PLASTIKTÜTE MIT MOTIV

SCHERE

BASTELFILZ (CA. 30 X 20 CM, 2 MM DICK)

NÄHMASCHINE

BACKPAPIER

BÜGELBRETT

STIFT

BÜGELEISEN

HOLZBRETT

ALTERNATIVE MATERIALIEN:
Anstatt des Filzes können auch mehrere Schichten Plastiktüten miteinander verschmolzen werden. Die entstandene Folie ist sehr robust und wasserabweisend. Sie kann mit der Nähmaschine deshalb auch zu Kosmetiktaschen oder Geldbörsen verarbeitet werden.

1 Den Henkel und den verstärkten Boden trennt Ihr zunächst von der Tüte ab.

2 Eine Lage Backpapier auf dem Bügelbrett ausbreiten. Den mittleren, großen Teil der Tüte legt Ihr darauf und eine weitere Lage Backpapier darüber. Auf mittlerer Stufe schnell und gleichmäßig einige Sekunden bügeln. Sofort mit dem Holzbrett beschweren und 30 Sekunden abkühlen lassen. Die Folie hat sich nun etwas zusammengezogen. Das Brett sorgt dafür, dass sie sich nicht so stark wellt.

3 Die Plastikfolie auf das Filzstück legen und erneut zwischen zwei Lagen Backpapier schichten, bügeln und mit dem Holzbrett pressen. Diesen Vorgang eventuell mehrmals wiederholen, bis die Folie fest am Filz klebt.

4 Die Vorlage auf Seite 121 kopieren, ausschneiden, die Form mit einem Stift auf die Tüte übertragen und zwei Teile für die Vorder- und Rückseite des Brillenetuis ausschneiden.

5 Die oberen Bogenkanten jeweils mit der Nähmaschine absteppen. Sie bilden später die Öffnung des Etuis.

6 Beide Teile links auf links aufeinanderlegen (die Filzseiten sind innen) und rundherum absteppen. Die obere, zuvor abgesteppte Bogenkante bleibt offen.

★ PRAKTISCHES KAMERABAND AUS GÜRTEL ★

Kamerabänder sind ungemein hilfreich, aber leider selten schön. Wer also auf Werbeaufdrucke verzichten möchte und auf der Suche nach etwas Individuellem ist, sollte einfach einen Blick in die eigene Gürtelsammlung werfen. Was ehemals an Eurer Hose gut aussah, steht sicherlich auch Eurer Kamera ganz wunderbar!

Tipp

Wenn die Nähmaschine trotz Ledernadel streikt, nehmt einen Hammer zu Hilfe und klopft die Stelle, die genäht werden soll, zuvor etwas weich. Jetzt sollte es besser funktionieren.

GEFLOCHTENER LEDERGÜRTEL

MATERIAL

SPITZE SCHERE

2 STABILE METALLRINGE (Ø CA. 1CM)

2 WÄSCHEKLAMMERN

KOMBIZANGE

NÄHMASCHINE MIT LEDERNADEL

2 SCHMALE GURTBÄNDER (10 X 1CM)

LEDERKLEBER

ALTERNATIVE MATERIALIEN:
Falls Ihr keinen geeigneten Gürtel habt, werdet Ihr vielleicht in Eurer Taschensammlung fündig. Auch der Tragegurt einer alter Lederhandtasche könnte hübsch aussehen.

1 Die Gürtelschnalle mit der Schere entfernen und am anderen Ende des Gürtels einen schmalen Streifen abschneiden, sodass beide Enden offen sind.

2 Das Gurtband zu einer Schlaufe legen, großzügig Kleber auf die Endstücke geben und diese mit einer spitzen Schere so tief wie möglich in die offenen Enden des Gürtels hineindrücken.

3 Zum Trocknen mit einer Wäscheklammer fixieren.

4 Anschließend steppt Ihr die Enden mit der Nähmaschine ab, um die Schlaufen zu sichern. Bei der anderen Seite die Schritte 2 bis 4 wiederholen.

5 Mithilfe der Kombizange bringt Ihr zum Schluss nur noch die Metallringe an Kamera und Band an.

★ HERZIGER TOPFLAPPEN AUS WOLLPULLOVER ★

Der geliebte Wollpullover landet versehentlich in der Buntwäsche und kommt als Kinderversion wieder aus der Waschmaschine ... Das gute Stück ist unwiderruflich eingelaufen und verfilzt! Diese Eigenschaft macht Ihr Euch einfach zunutze und fertigt im Handumdrehen moderne und zugleich praktische Topflappen. Wenn sie dann einmal schmutzig sind, kommen sie einfach in die Buntwäsche. Das kennen sie ja schon!

Tipp

Achtet auf das Wäscheetikett. Geeignet ist jeder Wollpullover, der eine Handwäsche erfordert. Ein geringer Kunstfaseranteil ist oftmals kein Problem, die Wolle verfilzt trotzdem. Im Zweifel einfach probieren! Um den Prozess des Verfilzens zu beschleunigen, kann man ein bis zwei Tennisbälle oder Waschpulverkapseln dazulegen.

SCHERE

TEXTILFILZ ZUM FÜTTERN (CA. 24 X 21 CM, 1 MM DICK)

GROSSE NADEL

STECKNADELN

STICKWOLLE

ALTER WOLLPULLI

ALTERNATIVE MATERIALIEN:
Schaut Euch einmal zu Hause um, vielleicht habt Ihr einen schönen Schal oder einen Kissenbezug aus Wolle, den man ebenso gut verarbeiten kann? Kleinere Löcher von Motten oder Missgeschicken sind gar kein Problem, da sie beim Einlaufen verschwinden.

SO GEHTS

1 Den Wollpullover verfilzen. Dazu einfach bei 60 °C mitwaschen, wenn nötig mehrmals, bis ein dicker Filz entstanden ist. Nach dem Trocknen in Form ziehen, eventuell feucht bügeln.

2 Die Vorlagen auf Seite 122 und 123 kopieren und ausschneiden. Für die Wollherzen trennt Ihr den Pullover seitlich auf und steckt die Schnitte auf ausgewählten Stellen fest. Dann schneidet Ihr ein großes Wollherz und zwei halbe Wollherzen aus. Die Vorlage mit dem ganzen Herzen anschließend noch auf dem Textilfilz feststecken und ein Filzherz ausschneiden.

3 Die Teile in folgender Reihenfolge aufeinanderlegen: Das Wollherz mit der schönen Seite nach unten, das Filzherz als Futter und die halben Herzen mit der schönen Seite nach oben. Alles mit Stecknadeln sichern und mit der Stickwolle in kleinen Stichen den Rand entlangnähen. Wenn gewünscht, seitlich eine kleine Schlaufe zum Aufhängen anbringen.

★ MODISCHER SATTELBEZUG AUS REGENSCHIRMSTOFF ★

Mit diesem Sattelbezug sitzt Ihr ab sofort immer auf dem Trockenen. Aus dem Stoff eines alten Regenschirms genäht, lässt er sich klein zusammenfalten und findet somit Platz in jeder Handtasche. Eigentlich ist er aber viel zu schön, um nur bei Regenwetter zum Einsatz zu kommen!

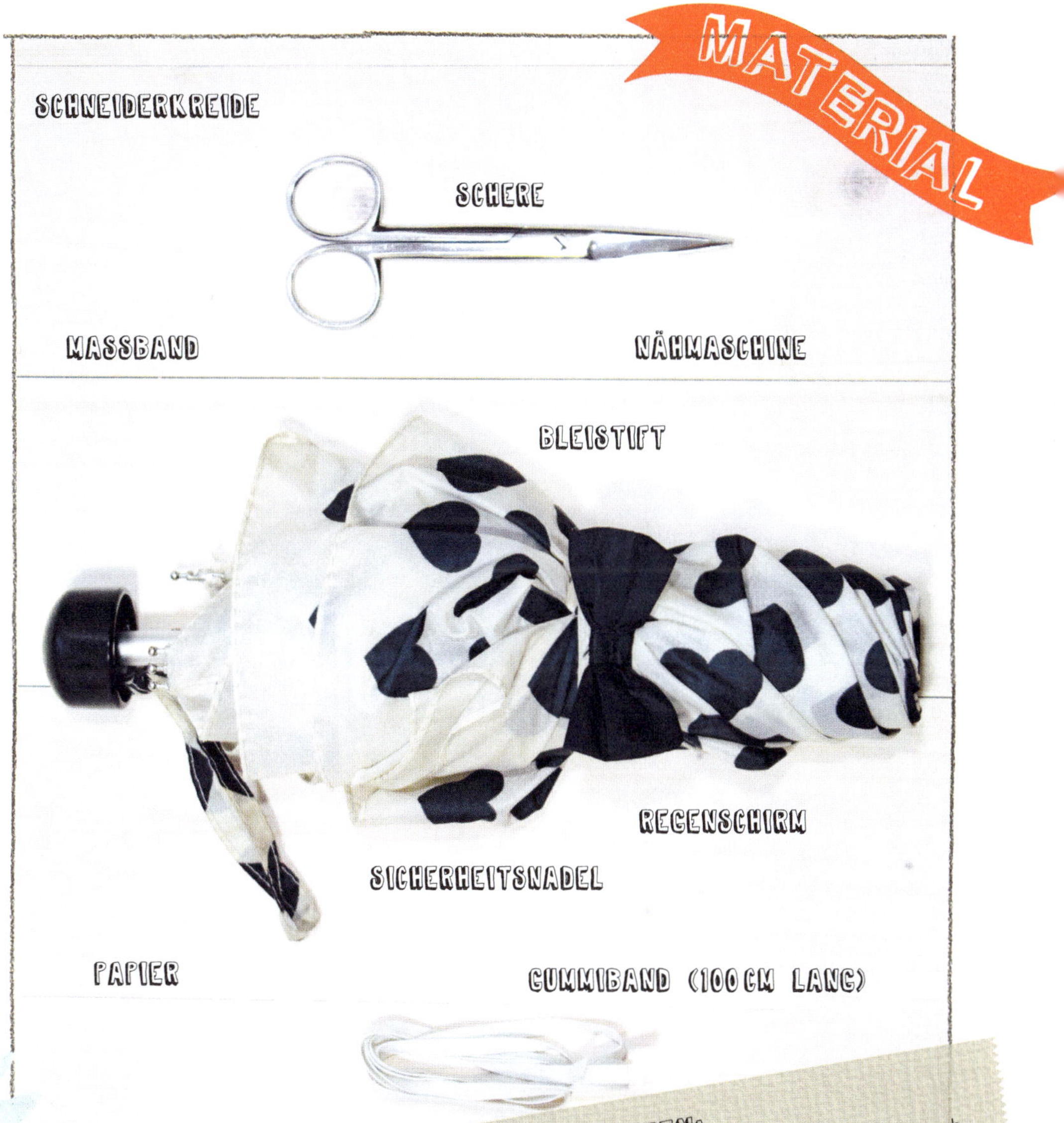

Tipp

Beim Nähen von Wachstuch, Plastikfolie und ähnlichem Material mit der Nähmaschine immer eine möglichst hohe Stichlänge wählen, damit das Material nicht zu stark perforiert wird und die Nähte reißen.

MATERIAL

SCHNEIDERKREIDE

SCHERE

MASSBAND

NÄHMASCHINE

BLEISTIFT

REGENSCHIRM

SICHERHEITSNADEL

PAPIER

GUMMIBAND (100 CM LANG)

ALTERNATIVE MATERIALIEN:
Ist gerade kein kaputter Regenschirm in Sicht, eignen sich für dieses Projekt u. a. auch Duschvorhänge, stabile Einkaufstüten, ausgediente Windjacken und Regenmäntel oder Omas alte Wachstuchtischdecke.

SO GEHTS

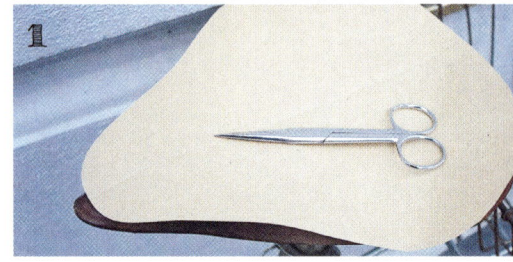

1 Da es bei Fahrradsätteln keine Einheitsgrößen gibt, müsst Ihr zuerst eine Vorlage für den Sattel erstellen. Dazu ein Stück Papier auf den Sattel legen und den Umriss abzeichnen. In der Mitte falten (so wird die Form symmetrisch), ausschneiden und die Passform überprüfen. Es muss nicht millimetergenau sein, die ungefähre Sattelform reicht völlig aus.

2 Mithilfe einer Schere vorsichtig den Stoff des Schirms vom Gestell befreien.

3 Die selbst gemachte Vorlage auf den Stoff legen und mit 1 cm Nahtzugabe ausschneiden.

4 Als Nächstes benötigt Ihr einen 10 cm breiten Streifen. Die Länge des Streifens wird durch den Umfang des Sattels bestimmt. Diesen ermittelt Ihr mit einem Maßband, dann rechnet Ihr noch einmal 10 cm dazu. Den Streifen entweder im Ganzen aus dem Schirm ausschneiden oder – je nach Muster – aus einzelnen Streifen zusammensetzen. Hier wurden drei kurze Streifen benutzt und zu 90 cm Länge zusammengenäht.

5 Die eine kurze Seite des Streifens wird zweimal umgeklappt und abgesteppt.

6 Nun eine lange Seite des Streifens rechts auf rechts auf das Oberteil stecken, mit dem abgesteppten Streifenende in der Mitte des hinteren Endes des Sattelteils beginnen. An den Rundungen etwas in Falten legen. Dies wird das Seitenteil des Sattelbezugs.

7 Beide Teile näht Ihr anschließend mit der Nähmaschine zusammen. Das Ende des Streifens etwa 5 cm über den Anfang nähen, den Rest mit der Schere abschneiden.

8 Als Nächstes wird der Tunnel für das Gummiband gebildet. Dazu den Stoff einfach 2 cm breit nach innen umklappen, feststecken und absteppen. Hinten lasst Ihr eine Öffnung von 2 cm zum Einziehen des Bands.

9 Mithilfe einer Sicherheitsnadel das Gummiband einfädeln, spannen und verknoten. Durch die Öffnung kann das Band später jederzeit bequem nachgespannt oder ausgetauscht werden.

10 Überstehende Gummiband-Enden abschneiden und eine kleine Radtour starten!

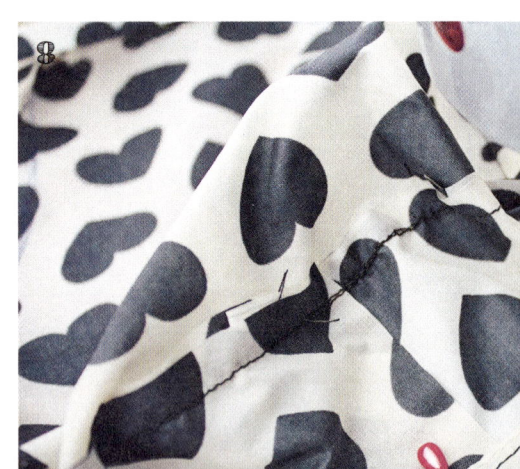

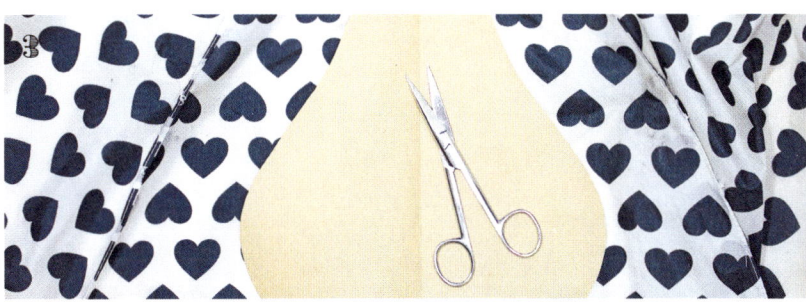

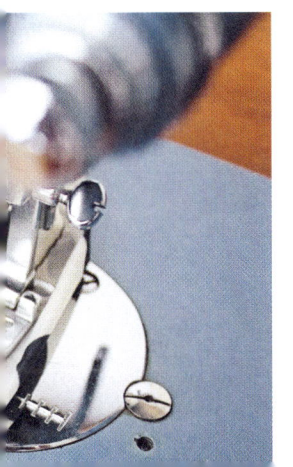

★ PRAKTISCHER WÄSCHEBEUTEL AUS GESCHIRRTÜCHERN

Mit diesem praktischen Beutel aus einem Paar Küchenhandtüchern wird Wäschetrennen zum Vergnügen. Wenn Ihr Euch zwei schöne Geschirrtücher aussucht, ist er fast zu hübsch, um ihn im Schrank zu verstecken. Und auch auf Reisen ist er ein idealer Begleiter. Durch den Schlitz auf der Vorderseite kann der Beutel schließlich ganz bequem gefüllt werden.

Tipp

An der Wand bringen zwei oder drei solcher Säcke schnell Ordnung ins Kinderzimmer. Im Kleiderschrank hingegen bieten sie viel Platz für Eure Tücher- und Gürtelsammlung.

KLEIDERBÜGEL

2 GLEICH GROSSE GESCHIRRTÜCHER (CA. 35 X 50 CM)

MATERIAL

SCHNEIDER-KREIDE

NÄHMASCHINE

BÜGELEISEN

ALTERNATIVE MATERIALIEN:

Es können auch zwei Stoffreste, z. B. von Bettwäschen oder Vorhängen, verwendet werden. Sie sollten dann je ca. 35 x 50 cm groß sein. Vor dem Verarbeiten müssen die Schnittkanten doppelt eingeschlagen und schmal abgesteppt werden.

SO GEHTS

1 Die Geschirrtücher rechts auf rechts aufeinanderlegen, sodass die Kanten übereinanderliegen. Eine der beiden längeren Seiten zusammennähen. Die Nahtenden durch Rückstiche sichern. Die andere Längsseite ebenfalls zusammennähen. Dabei an einem Ende ca. 30 cm offen lassen. Nahtenden durch Rückstiche sichern.

2 Den jetzt vorhandenen Schlauch legt Ihr so zusammen, dass die soeben entstandenen Nahtlinien in der Mitte sind und aufeinanderliegen. Nun näht Ihr den Boden des Beutels zu. Anschließend schlagt Ihr die Öffnung der Längskante 1 cm nach innen um und steppt sie fest – hier entsteht der Schlitz des Beutels. Ein paar Vor- und Rückstiche an der Stelle, wo der Schlitz endet, sichern die Öffnung gegen ein Aufreißen.

3 Nun steckt Ihr die obere, noch offene Kante zusammen. Von der rechten und linken Seite jeweils ca. 8 cm abmessen und mit der Schneiderkreide markieren. Nur den mittleren Teil der oberen Kante zusammennähen, anschließend den Beutel durch den großen Schlitz wenden.

4 Die an der Oberkante entstandenen Ecken nach innen falten und glatt bügeln. Zum Schluss noch einen Kleiderbügel durchstecken und aufhängen.

★ SCHNELLER STOFFDRUCK MIT MUSTERWALZEN ★

Mit einer alten Musterwalze oder Motivrolle vom Flohmarkt kann man viel mehr als nur Wände gestalten. So lassen sich beispielsweise im Handumdrehen Stoffe bedrucken. Schnell sind damit langweilige Röcke, Vorhänge, Tischtücher oder Stoffbeutel aufgehübscht. Wie leicht das geht, seht Ihr am Beispiel eines Duschvorhangs aus Hanf. Er sieht edel aus, klebt niemals an den Beinen und ist von Natur aus sehr widerstandsfähig gegen Stockflecken und Bakterien.

Tipp

Wie Ihr schnell und kreativ Stoffe ohne Musterwalzen bedrucken könnt, erfahrt Ihr auf Seite 112!

MATERIAL

HANFSTOFF (CA. 1,40 X 2 M)

MUSTERWALZE MIT WUNSCHMOTIV

1 STÜCK STOFF ZUM TESTEN DES DRUCKS

BACKPAPIER
BÜGELEISEN
NÄHMASCHINE
STECKNADELN
SCHERE

WEISSE TEXTILFARBE

ALTERNATIVE MATERIALIEN:
Als alternative Naturfaser bietet sich auch das preisgünstigere Leinen an. Es muss allerdings von innen wasserabweisend beschichtet sein oder mit einem transparenten, zusätzlichen Innenvorhang gegen Spritzwasser geschützt werden.

SO GEHTS

1 Den Stoff vor dem Verarbeiten waschen, damit er später nicht mehr einlaufen kann und auch die Farbe gut annimmt. Anschließend bügelt Ihr ihn glatt und breitet ihn flach auf dem Boden aus. Etwas Textilfarbe auf ein Stück Backpapier geben und die Schaumstoffrolle darin reichlich mit Farbe bedecken. Musterwalze einspannen und auf einem anderen Stoffstück einen Testdruck durchführen.

2 Rolle links außen anlegen und mit leichtem Druck und langsamer Geschwindigkeit gerade nach unten führen. Dicht neben dem ersten Druck die Rolle erneut anlegen und nach unten bewegen. Wenn der ganze Stoff bedruckt ist, den Herstellerhinweisen zum Fixieren der Farbe folgen. In den meisten Fällen muss der Druck zunächst einige Stunden trocknen und kann dann mit einem Bügeleisen fixiert werden.

3 Obere und untere Kante je nach gewünschter Länge kürzen, doppelt einschlagen, bügeln und absteppen. Zum Aufhängen des Duschvorhangs könnt Ihr Schlaufen oder Clips anbringen.

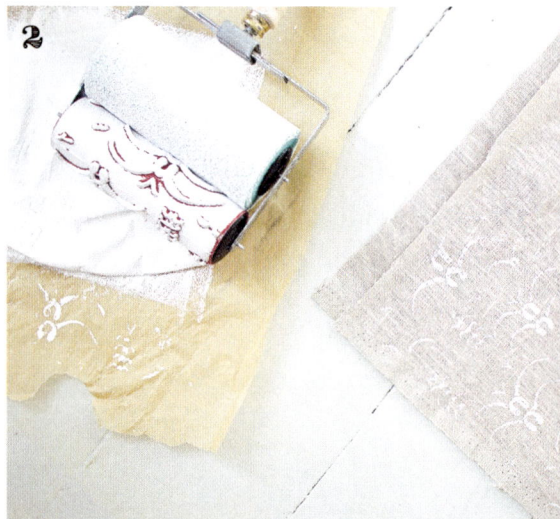

★ WEITERE IDEEN FÜR STOFFDRUCK ★

Egal, ob Vorhänge, Kleidung oder Kissen – es gibt zahlreiche Möglichkeiten, Stoffe zu bedrucken und ihnen eine individuelle Note zu verleihen. Zur Anschauung wurden hier aus verschiedenstem Material Druckmotive angefertigt. Für einfache geometrische Muster eignen sich beispielsweise Kartoffeln, in die das Muster einfach hineingeschnitten wird. Dünne Korkreste, dicke Pappe oder Moosgummi werden zunächst in die gewünschte Form geschnitten und zum Stempeln auf ein Stück Holz oder Glas geklebt. Detaillierte Motive lassen sich mit dem richtigen Werkzeug in Radiergummis oder Linolplatten schnitzen. Aber auch alte Musterrollen, Kinderstempel oder Bauklötze eignen sich sehr gut für den Stoffdruck. Im gezeigten Beispiel wurde ein langweiliger Baumwollbeutel aufgepeppt. Dazu wurde das Motiv in eine Linolplatte geschnitzt, mit einer Gummiwalze Textilfarbe aufgetragen und auf den Stoff gedruckt. Mit Buchstabenstempeln wurde abschließend noch ein zum Bild passendes Zitat aufgedruckt. Die Textilfarbe muss unbedingt nach Herstellerangaben fixiert werden, damit die Farbe auch bei der Wäsche hält. Die Druckplatte kann dann beliebig oft verwendet werden.

READING

IS   LIKE

DREAMING

WITH

OPEN EYES

★ KUSCHELIGER WÄRMFLASCHENBEZUG AUS BETTWÄSCHE

Gleich doppelt kuschelig werden kalte Winterabende mit diesem Wärmflaschenbezug. Ein ehemaliges Kopfkissen oder ein Bettbezug verstecken die unschöne Gummiflasche und minimieren das Plastikgefühl auf der Haut. Die Knopfleiste der Bettwäsche bleibt erhalten und ermöglicht das problemlose Wechseln des Bezugs. Zusätzlich wird die Innenseite mit Vlies gefüttert, das schützt vor zu großer Hitze und die Wärme bleibt länger erhalten.

Tipp

Besonders geeignet ist Bettwäsche aus Biber, Flanell oder Frottee, da sie einen angenehmen Kuscheleffekt hat. Eine alte Lieblingsbettwäsche aus der Kindheit sorgt für ein extrawohliges Gefühl im Bett.

BETTBEZUG ODER KOPFKISSEN MIT KNOPFLEISTE

PAPIER
STIFT

SCHERE

STECKNADELN

NÄHMASCHINE
BÜGELEISEN

WÄRMFLASCHE
(2L FASSUNGSVERMÖGEN)

AUFBÜGELBARES VOLUMENVLIES
(Z.B. H 640 VON FREUDENBERG,
CA. 40 X 50 CM)

ALTERNATIVE MATERIALIEN:
Auch ein hübsches Handtuch, ein flauschiger Bademantel oder ein Babyschlafsack können zu einem Wärmflaschenbezug werden, nur die Knopfleiste müsst Ihr dann noch ergänzen.

1 Zunächst wird ein Schnittmuster erstellt. Dazu legt Ihr die Wärmflasche auf ein großes Blatt Papier und übertragt den Umriss. Ringsherum 2 cm Nahtzugabe dazugeben und ausschneiden. Die Schablone faltet Ihr in der Mitte und bessert sie gegebenenfalls aus, damit der Schnitt symmetrisch ist.

2 Den Bezug an den Seiten aufschneiden und möglichst flach auf einem Tisch ausbreiten. Die Schablone feststecken, dabei darauf achten, dass die Knopfleiste waagerecht durch die Wärmflasche verläuft und ein Knopf in der Mitte sitzt. Entlang der Schablone ausschneiden, Ihr erhaltet nun die Rückseite der Wärmflasche, bestehend aus zwei Hälften mit Knopfleiste. Die Vorderseite der Wärmflasche aus einem ganzen Teil zuschneiden.

3 Das Volumenvlies doppelt legen, die Schablone darauf feststecken und ausschneiden. Eine Vliesseite dem Schnitt der Wärmflaschenrückseite entsprechend teilen. Das Vlies auf die Innenseiten bügeln, das Knopfloch sollte frei bleiben.

4 Die beiden oberen Kanten der Halsöffnung jeweils zweimal nach innen umschlagen und festnähen. Vorher das Vlies, falls nötig, etwas zurückschneiden, damit es sich besser nähen lässt.

5 Die beiden Hälften der Rückseite zusammenknöpfen und rechts auf rechts auf die Vorderseite legen. Die schönen Seiten der Bettwäsche liegen somit innen. Feststecken und zusammennähen; nur der Hals bleibt oben offen. Die Stelle, an der die beiden Hälften der Rückseite aufeinandertreffen, sichert Ihr durch ein paar Rückstiche mit der Nähmaschine. Bezug durch die Knopfleiste wenden und Wärmflasche hineinstecken.

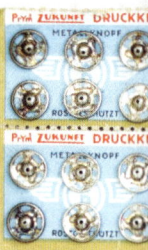

★ VORLAGEN ★

EULENKISSEN – AUGE

EULENKISSEN – PUPILLE

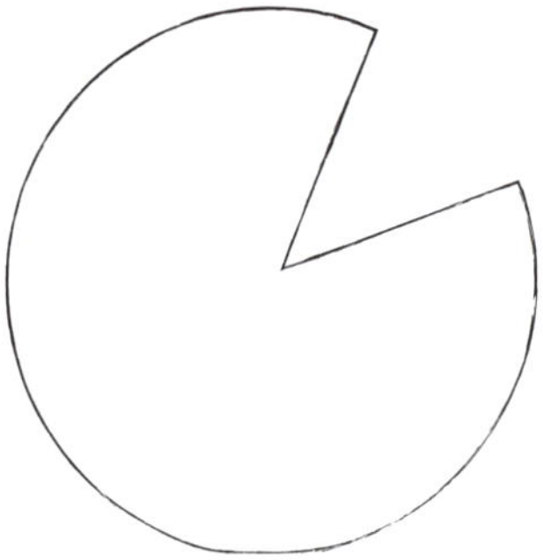

EULENKISSEN – SCHNABEL

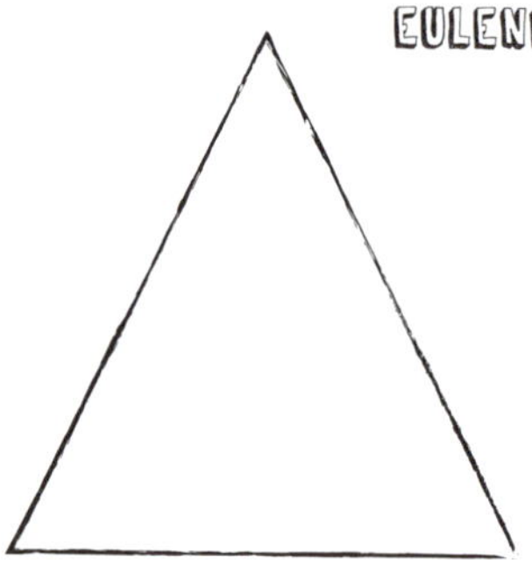

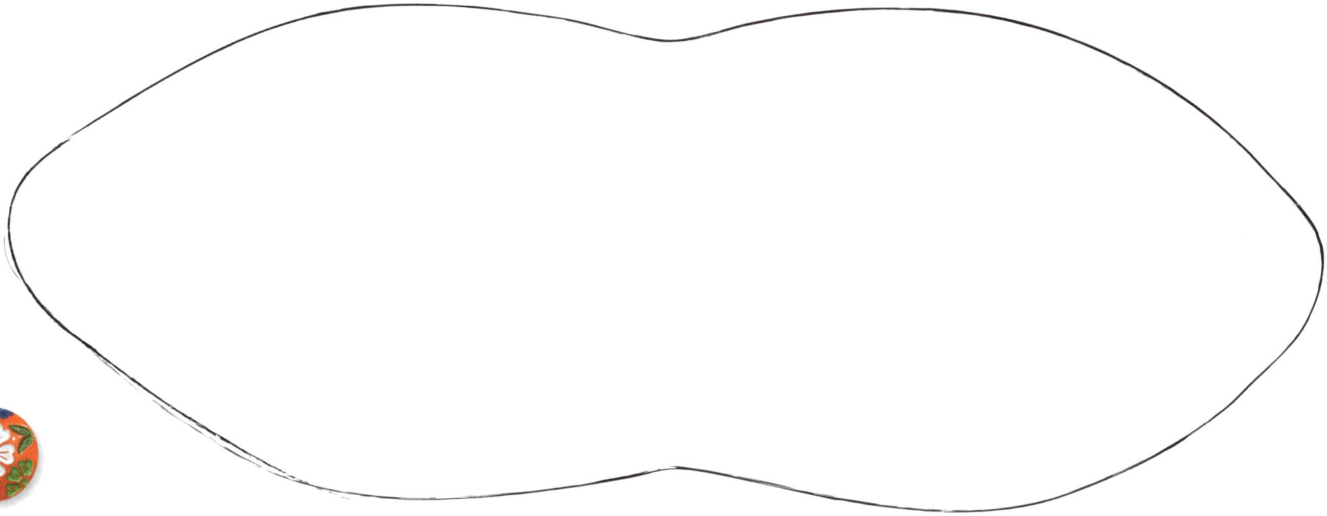

SCHLEIFEN-ARMBAND

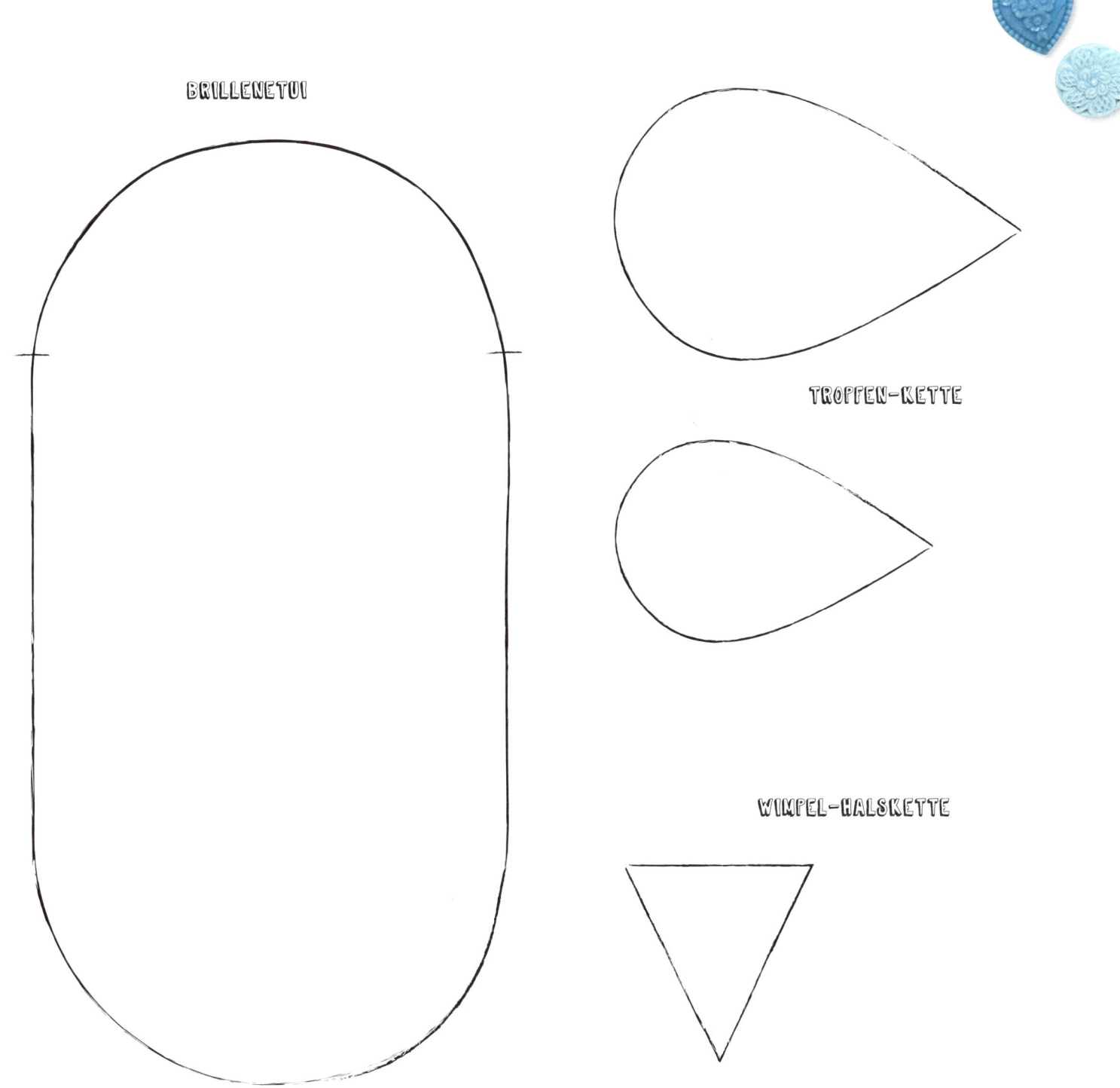

BRILLENETUI

TROPFEN-KETTE

WIMPEL-HALSKETTE

TOPFLAPPEN

TOPFLAPPEN

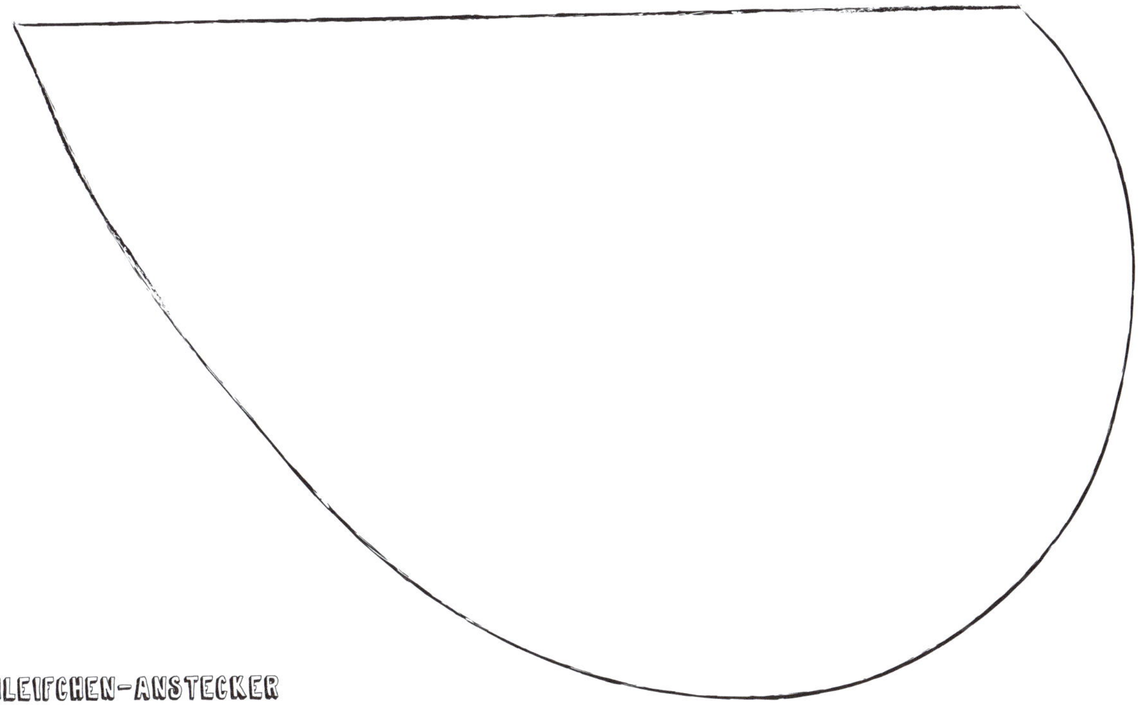

SCHLEIFCHEN-ANSTECKER
ODER -KETTE

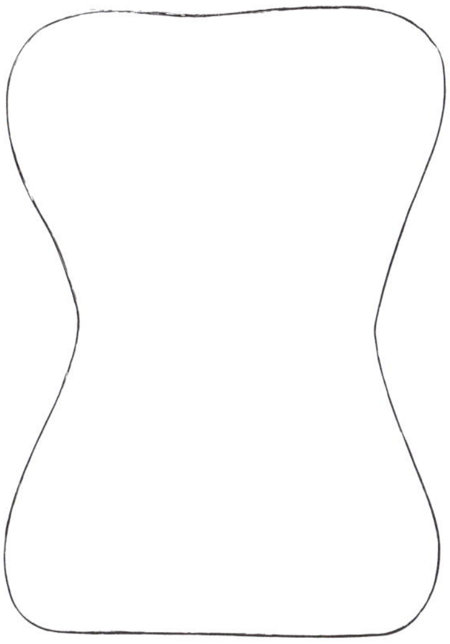

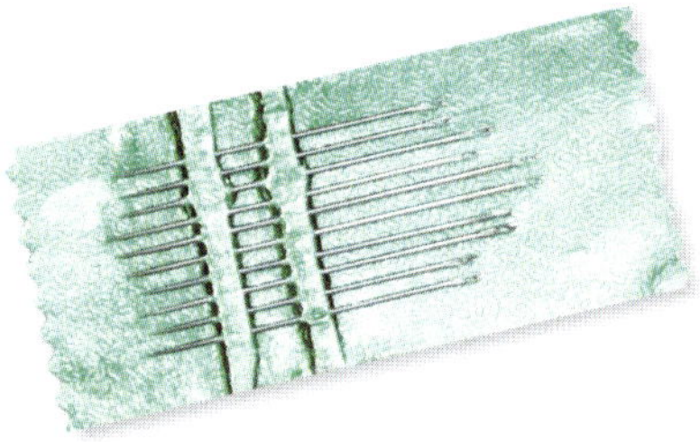

★ DIE AUTORIN ★

Nähmarie, alias Maria Neumeister, hegt eine große Liebe zu Vintage-Materialien und kuriosen Kleinigkeiten. Sie inspirieren sie zum kreativen Schaffen! Geboren wurde sie auf der Insel Usedom – schon von frühester Kindheit an hatte sie große Freude daran, Dinge selber zu machen: Nähen, stricken, basteln, hämmern ... Dieser Leidenschaft geht sie nun in ihrem eigenen Laden in Rostock nach, in dem sie allerhand Handgemachtes und ganz besondere Einzelstücke verkauft, die die Herzen von Sammlern, Vintage-Fans und aller anderen Liebhaber hübscher Dinge höher schlagen lassen.

★ BUCHTIPPS ★

16,99 €

Style dein Zimmer
ISBN: 978-3-86355-287-9
144 Seiten, 21 × 25 cm

16,99 €

Masking Tape Kreativ-Set
ISBN: 978-3-86355-236-7
Box mit Buch + 6 Rollen, 22 × 20 × 6 cm

14,99 €

Schaffenslust
ISBN: 978-3-86355-164-3
144 Seiten, 18 × 23 cm

12,99 €

Happy Paper
ISBN: 978-3-86355-296-1
64 Seiten, 20 × 23,5 cm

14,99 €

Entzückend Schmückend
ISBN: 978-3-86355-180-3
112 Seiten, 20 × 24 cm

9,99 €

Designobjekte aus Beton
ISBN: 978-3-86355-254-1
48 Seiten, 17 × 21 cm

DANKE

Ich danke meinem Mister für den bedingungslosen Support meiner Träumereien, für das Ermutigen und für die gemeinsamen schlaflosen Nächte vor den Deadlines. Ich danke meiner Schwester für ihre kreativen Einfälle, ihren guten Geschmack und die Fotoshootings in der stilvollen Berliner Altbauwohnung. Ich danke meinen Eltern für ihre ewige emotionale und handwerkliche Unterstützung. Ich danke meinen Großmüttern für ihre Zeit, die Handarbeitsstunden und all die schönen Kindheitserinnerungen. Ich danke der Edition Michael Fischer für die Geduld und Motivation. Ich danke allen Freunden, Bloggern und Bloglesern, die mich täglich inspirieren und unterstützen.

Ohne Euch würde es dieses Buch in vielerlei Hinsicht nicht geben!

★ IMPRESSUM ★

Bibliografische Information der Deutschen Bibliothek.

Die Deutsche Bibliothek verzeichnet diese Publikation in der deutschen Nationalbibliografie.
Detaillierte bibliografische Daten sind im Internet über http://www.d-nb.de/ abrufbar.

Bei der Verwendung im Unterricht ist auf dieses Buch hinzuweisen.

EIN BUCH DER EDITION MICHAEL FISCHER

1. Auflage 2015

Alle Rechte dieser Ausgabe bei © Edition Michael Fischer GmbH, Igling

Covergestaltung und Layout: Tim Anadere
Lektorat: Pina Wildenhayn
Redaktion: Heike Fröhlich, Charlotte May
Satz: Daniel Besold, Markus Kieninger

ISBN: 978-3-86355-338-8

Printed in Slovakia

www.emf-verlag.de